HOUILLER DES ASTURIES
(ESPAGNE)

CONSTITUTION GÉOLOGIQUE
MODE D'EXPLOITATION — VOIES DE COMMUNICATION
AVENIR INDUSTRIEL

PAR

M. ALBERT GRAND
INGÉNIEUR DES ARTS ET MANUFACTURES

(EXTRAIT des Mémoires de la Société des Ingénieurs civils)

PARIS
IMPRIMERIE VIÉVILLE ET CAPIOMONT
IMPRIMEURS DE LA SOCIÉTÉ DES INGÉNIEURS CIVILS
5, RUE DES POITEVINS, 5

1874

ÉTUDE

SUR LE

BASSIN HOUILLER DES ASTURIES

(ESPAGNE)

CONSTITUTION GÉOLOGIQUE
MODE D'EXPLOITATION — VOIES DE COMMUNICATION
AVENIR INDUSTRIEL

Par M. Albert GRAND.

(EXTRAIT des Mémoires de la Société des Ingénieurs civils)

INTRODUCTION

L'Espagne introduit chaque année pour sa consommation particulière une quantité assez importante de houilles étrangères. La plupart des villes industrielles du Nord et du Midi telles que Bilbao, Barcelone, Sarragosse, Alicante, Carthagène et Malaga, emploient principalement comme combustible des houilles anglaises; et cependant l'Espagne renferme dans son propre sol une étendue de gisements houillers plus que suffisante pour alimenter sa consommation et assurer l'avenir de son industrie. Le manque de voies de communication faciles et rapides est sans contredit la cause principale de cet état de choses; mais cet obstacle qui a entravé jusqu'ici le développement de l'exploitation des houillères en Espagne tend à disparaître de jour en jour; et bientôt, sans doute, les principaux bassins houillers se trouveront en communication directe avec les centres de consommation les plus importants de la Péninsule, par les diverses voies ferrées projetées ou en cours d'exécution qui doivent les desservir.

L'étude et la description de tous ces gisements houillers serait sans contredit un travail des plus intéressants et formerait une page importante de l'histoire générale des houillères; pour ne parler que des principaux, le bassin de *Belmez* et d'*Espiel*, au sud-ouest, dans la province de Cordoue, celui de *Surocca* ou *San-Juan-de-la-Abadesas*, situé en Catalogne sur le revers méridional des Pyrénées orientales, à 90 kilomètres environ au nord de Barcelone, enfin le grand massif carbonifère du Nord-Ouest qui s'étend sur les deux versants de la chaîne cantabrique où il constitue les bassins de *Palencia*, de *Leon* et des *Asturies*, présentent le plus grand intérêt au double point de vue géologique et industriel. On pourrait y ajouter également les importants gisements de lignites de la Catalogne, de l'Aragon, de la Navarre et de la Biscaye, dont quelques-uns, tels que ceux de *Gargallo* et d'*Utrillas*, dans la province de Teruel, couvrent une surface de plusieurs milliers de lieues carrées[1]; celui de *Berga*, dans la province de Barcelone, paraît également remarquable par la nature de ses produits qui se rapprochent sensiblement de la houille proprement dite.

Quoi qu'il en soit, le but de cette étude n'est pas de passer en revue ces divers gisements de combustibles minéraux dont la surface réunie représente environ 150,000 hectares, mais simplement d'attirer l'attention sur celui d'entre eux qui, au double point de vue de sa situation et de son étendue, paraît appelé à jouer le rôle le plus important dans la production houillère de l'Espagne. Ce bassin est celui des Asturies, et quel que soit l'intérêt qu'il pourrait y avoir à relier son étude à celle des bassins de Palencia et de Sabero qui font partie du même massif carbonifère, je serai obligé de ne citer ces derniers que pour mémoire, les renseignements que je possède actuellement sur leur constitution n'étant pas suffisants pour servir de base à une étude sérieuse.

Les seuls travaux qui aient été publiés jusqu'ici sur les Asturies sont ceux de MM. Paillette et Guillaume Schulz. Le plus important est, sans contredit le Mémoire descriptif publié en espagnol par M. Schulz et qui renferme une description géologique complète de la province des Asturies[2]. Dans ce travail accompagné de cartes et de coupes géologiques, et qui est aujourd'hui le guide indispensable de ceux qui veulent parcourir cette contrée, M. Schulz passe successivement en revue les différents genres de terrains qui composent le sol de la province, en commençant par les plus anciens, décrivant pour chacun d'eux les principales espèces de roches qui le caractérisent, les substances minérales qu'il ren-

---

1. Voir, sur cette province, les intéressants travaux de MM. Coquaud et Villanova.
2. *Descripcion geológica de Asturias, por D. Guillermo Schulz, inspector general primero de minas y consejero de instruccion pública.* Madrid, 1858. Voir aussi la description oryctognostique des Asturies, par le même, dans le *Bulletin de la Société géologique de France* 1837, t. VII, p. 325.

ferme et les roches d'origine volcanique qui ont traversé ses couches à diverses époques.

Les terrains de transition qui occupent à eux seuls la presque totalité du sol des Asturies le partagent en trois régions bien caractérisées. A l'ouest, s'étendent, sur toute la moitié occidentale de la province, les couches du terrain silurien représenté par diverses espèces de schistes ardoisiers, des grauwackes et quelques bancs de quartzites. Ces couches, toujours fortement inclinées, suivent des directions variant du N. N. O. au N. E. et plongent vers l'O. ou l'O. N. O. Les changements de direction s'effectuent insensiblement, de telle sorte que les couches semblent décrire une immense courbe dont la convexité serait tournée vers l'O. N. O. La galène argentifère, la blende, les pyrites de fer et de cuivre, les sulfures d'antimoine et d'argent forment quelques gisements de peu d'importance dans ce terrain qui d'une manière générale n'est pas très-riche en produits métallifères; on y rencontre également quelques couches et filons de minerais de fer; mais le fait le plus intéressant est sans contredit la présence d'un certain nombre de gisements houillers qui se trouvent enclavés dans les couches du terrain silurien, quoique certains d'entre eux soient accompagnés de grès et de poudingues caractéristiques de l'époque carbonifère.

Le terrain devonien avec ses alternances de vieux grès rouge, de grauwackes, de schistes argileux et de calcaires le plus souvent dolomitiques, forme une seconde région de moindre étendue que la première, qui occupe la partie centrale de la province et dans laquelle les couches s'inclinent tantôt parallèlement tantôt en sens contraire des précédentes.

Les substances métalliques sont principalement représentées dans le terrain devonien par des minerais de fer qui se rencontrent souvent sous forme de véritables couches de grès ferrugineux. Quelques traces d'exploitations anciennes dénotent également l'existence de quelques mines de cuivre, d'étain et d'or. Comme dans le terrain silurien on rencontre aussi, enclavés dans les assises du terrain devonien, un certain nombre de gisements houillers : tels sont ceux de *Ferroñes*, d'*Arnao*, de *Teberga*, dont l'origine semble assez difficile à expliquer; car, s'ils présentent en général les caractères distinctifs du terrain carbonifère, leur position en stratification concordante au milieu des couches devoniennes ferait supposer qu'ils appartiennent à la même époque que ces dernières.

La description du terrain carbonifère, presque uniquement composé du *calcaire de montagne*, est la partie la plus importante du travail de M. Schulz. Il y passe successivement en revue les diverses régions occupées par ce terrain qu'il classe en trois catégories, désignées chacune par une teinte spéciale sur la carte géologique qui accompagne son Mémoire : la région calcaire proprement dite, la région carbonifère pauvre, qui renferme quelques bancs de houille, et enfin la région carbonifère riche, qui constitue le véritable terrain houiller des Asturies, et dans laquelle dominent, au contraire des précédentes, de nombreux bancs de houille.

Il décrit avec beaucoup de soin les différentes couches de poudingues siliceux et calcaires qui caractérisent d'une manière toute spéciale cet étage de la formation carbonifère, et s'attache à faire ressortir les nombreuses irrégularités qui affectent la stratification du terrain houiller et rendent son étude particulièrement difficile et compliquée.

Le Mémoire se termine par la description des terrains plus modernes appartenant aux *marnes irisées*, au *lias*, à la *craie* et à l'étage *nummulitique*, qui forment quelques lambeaux isolés au centre et au nord de la province.

Dans une note communiquée à la *Société géologique* (séance du 19 mai 1845)[1], M. Paillette donne une description succincte des divers terrains des Asturies, suivie d'un tableau d'analyse de soixante échantillons de houille, recueillis sur différents points de la province. Il passe en revue successivement les gisements houillers d'*Arnao*, de *Ferroñes*, de *Santofirme*, du *Rio Nova*, au nord du mont Naranco, de *Mières* et de *Sama*, dans le bassin central, de *Venta de la Cruz*, de *Llères*, du *Puerto Sueve*, de *Biñon*, de *Colunga* et de *Sotiello*, dans la partie orientale des Asturies; ces descriptions, bornées à quelques indications succinctes de la direction des couches et des particularités les plus remarquables de la constitution du terrain, ont pour but principal de servir de complément à l'étude et à la description des fossiles recueillis par M. Paillette dans ces différentes localités, description qui fait l'objet d'une note spéciale de MM. de Verneuil et d'Archiac, insérée dans le même *Bulletin*.

On trouve quelques renseignements intéressants sur la direction des couches, dans la vallée de la Lena, dans une note communiquée également par M. Paillette, l'année suivante, à la Société géologique et servant d'introduction à une seconde étude de M. de Verneuil sur les fossiles du *terrain carbonifère* du centre des Asturies.

Je dois mentionner enfin son Mémoire *sur les minerais de fer de la province des Asturies*[2], dans lequel il décrit les gisements métallifères les plus importants contenus dans les divers terrains de la contrée.

A l'époque où M. Paillette envoyait ses notes à la *Société géologique*, on ne possédait pas encore de carte géologique de la province, et les cartes géographiques elles-mêmes ne présentaient qu'une exactitude très-imparfaite, ce qui rendait fort difficile toute étude d'ensemble. L'exploi-

---

1. *Recherches sur quelques-unes des roches qui constituent la province des Asturies (Espagne)*, par M. Adrien Paillette, suivies d'une Notice sur les fossiles qu'elles renferment, par MM. de Verneuil et d'Archiac.

2. *Coup d'œil sur les gisements et la composition chimique de quelques minerais de fer de la province des Asturies (Espagne)*, par MM. Adrien Paillette et Émile Bénard. (*Bulletin de la Société géologique de France*, t. VI, 1849.)

tation d'ailleurs était encore peu développée ; le chemin de fer de Sama à Gijon n'existait pas ; il en résulte que les travaux publiés par lui, aussi bien que ceux de M. Schulz, portent un caractère plus scientifique qu'industriel. Depuis, la situation a considérablement changé, et l'ouverture prochaine de nouvelles voies de communication va y apporter encore, sans aucun doute, des modifications nouvelles.

Il devenait donc intéressant d'étudier la situation actuelle et d'ajouter aux renseignements fournis par les travaux précédents quelques données sur le côté industriel de la question. La partie géologique elle-même laisse encore d'ailleurs une vaste étendue aux nouvelles recherches que facilitera le développement des travaux d'exploitation, à mesure que l'industrie minière viendra prendre possession des nouveaux districts restés jusqu'ici inexplorés. Les observations de MM. Schulz et Paillette, en ce qui concerne les couches de houille, se sont trouvées nécessairement restreintes aux quelques localités alors exploitées et demandent à être complétées par l'étude des parties découvertes depuis cette époque.

La description complète du bassin houiller n'est pas d'ailleurs un travail aussi facile qu'il semblerait l'être au premier abord. Les nombreux accidents qui ont donné au sol des Asturies son relief actuel, rendent aujourd'hui cette étude fort compliquée, et les renseignements que nous possédons ne nous permettent pas encore de résoudre tous les problèmes qui se posent à la vue de la stratification si profondément accidentée du terrain houiller.

Si donc j'ai essayé, dans cette étude, de remplir une lacune en venant présenter un aperçu de la situation du bassin des Asturies, au double point de vue géologique et industriel, je ne prétends pas avoir épuisé la question. Bien au contraire, à mon avis, le travail est à peine ébauché, et pour le mener à bonne fin il faudrait une étude de longue haleine, à laquelle je n'ai pu jusqu'ici me livrer. Mais, quel que soit celui qui l'entreprenne, j'ai pensé qu'il serait toujours utile de consigner dans ces quelques pages les observations que j'ai pu faire, pendant un séjour de quelques mois dans les Asturies, et les conséquences que je crois pouvoir en tirer. Ces déductions sont plutôt des hypothèses que des affirmations, hypothèses suggérées par un rapide examen de l'allure de la stratification et qui attendent leur confirmation de recherches plus étendues.

Ayant principalement pour but dans ce travail le point de vue industriel, je me suis occupé d'une manière spéciale de l'étude des couches de houille et des procédés de leur exploitation ; j'ai décrit succinctement le mode d'extraction en usage dans les mines ouvertes depuis de longues années et j'ai cherché à indiquer les modifications principales qu'il conviendrait d'introduire à l'avenir dans ces procédés pour faciliter le développement de la production et obtenir une réduction dans les prix de revient. Je me suis trouvé naturellement amené à étudier les voies de communication dont l'influence est si grande sur la situation économique des bassins houillers, et j'ai pensé devoir donner une description succincte des voies ferrées qui desservent aujourd'hui les Asturies. Les moyens d'embarquement des houilles destinées à l'exportation rentraient nécessairement aussi dans la série des questions qui se rattachent à l'exploitation du bassin ; j'en ai fait le sujet de quelques pages dans lesquelles je donne la description du port de Gijon et du projet de port du Musel destiné à le remplacer. L'avenir du bassin des Asturies me paraît intimement lié au développement de l'industrie métallurgique dans cette contrée; il était donc nécessaire de jeter un coup d'œil en passant sur la situation actuelle de cette industrie et de dire quelques mots des gisements métallifères qui font partie du bassin, ou qui se rencontrent dans son voisinage. C'est par là que j'ai terminé la série des questions qui font l'objet de l'étude qui va suivre.

Albert GRAND.

Juin 1874.

I

Description géologique du bassin carbonifère des Asturies.

Considérations générales. — En jetant un coup d'œil sur la Carte géologique de l'Espagne et du Portugal, on remarque immédiatement l'étendue occupée par les terrains anciens qui couvrent presque sans interruption la moitié occidentale de la Péninsule ibérique. Aux deux extrémités de ce puissant massif se détachent quelques îlots de terrain devonien et carbonifère, s'appuyant sur les dépôts siluriens qui forment à eux seuls la majeure partie des terrains de transition, ou reposant directement sur les roches plus anciennes — gneiss et granites — qui constituent la base de support de l'ensemble de ces formations.

Plus développé que sur d'autres points, le terrain carbonifère du Nord s'étend sur une surface d'environ 800 lieues carrées, formant sur les deux versants de la chaîne cantabrique de puissantes assises, dont les couches fortement inclinées et irrégulièrement contournées atteignent quelquefois des altitudes de plus de 2500 mètres[1]. A l'Ouest et au Sud-Ouest, il vient butter en stratification discordante contre les couches redressées du terrain devonien tandis qu'à l'Est et au Sud, il disparaît d'une part sous les assises plus modernes du trias et de la craie du massif de la Biscaye, de l'autre, sous les plaines tertiaires du royaume de Léon. Sur cette étendue, qui comprend environ 40 lieues de côtes, il pénètre à la fois dans les quatre provinces d'*Oviedo*, de *Leon*, de *Palencia* et de *Santander*.

Principaux bassins houillers du Nord-Ouest de l'Espagne. — Il s'en faut de beaucoup que sur cette immense étendue la formation carbonifère se présente avec les caractères du terrain houiller; celui-ci ne forme à sa surface qu'une série d'îlots indépendants. Beaucoup d'entre eux ne présentent d'ailleurs qu'une étendue excessivement restreinte, et l'on peut dire qu'il n'existe, à proprement parler, que trois bassins houillers principaux, auxquels on peut rattacher les gisements de moindre importance qui les entourent.

Ces trois groupes de gisements houillers sont :

1° A l'Est, celui de *Baruelo* dans la province de Palencia, qui constitue le bassin houiller de la Vieille-Castille ;

---

[1]. Les *pics d'Europe*, entre les provinces d'Oviedo et de Santander, mesurent des hauteurs variant entre 2520 et 2630 mètres. (Voir la *Carte dressée par M. Schulz*.)

2° Au Sud, sur le revers méridional de la chaîne cantabrique, le bassin de *Sabero*, dans la province de Léon ;

3° Enfin au Nord-Ouest, celui des Asturies comprenant principalement les deux bassins de *Quiros* et d'*Oviedo*.

Le plus important de ces divers bassins, au double point de vue de l'étendue et de la qualité des produits, est sans contredit le dernier. C'est de lui qu'il va spécialement être question dans cette étude.

Bassin houiller des Asturies. — La carte ci-jointe, pl. 64, représente le bassin central des Asturies, d'après les cartes géographique et géologique de cette province dressées par M. Guillaume Schulz, dont les remarquables travaux ont contribué pour une large part à jeter quelque lumière sur la constitution géologique de cette contrée montagneuse [1].

« Le terrain carbonifère normal du centre des Asturies, dit M. Schulz[2],
« présente une largeur moyenne de six lieues de l'Est à l'Ouest, s'éten-
« dant au Nord depuis la chaîne calcaire de l'*Aromo* au-dessus de *Riosa*
« jusqu'à celle de *Peñamayor* au-dessus de *Nava;* et au Sud, depuis les
« *Pics de Aguéria* qui dominent la vallée de Quiros au col de *Vegarada*
« dans la vallée d'*Aller*. Loin de s'arrêter à la chaîne cantabrique, il
« s'étend encore sur le versant méridional jusque dans la province de
« Léon ; sa longueur du Nord au Sud dans la province des Asturies peut
« s'estimer en moyenne à 5 lieues et demie, de telle sorte qu'il occupe une
« superficie de trente-trois lieues carrées ; mais si, sur toute cette étendue
« on rencontre le terrain carbonifère avec son aspect caractéristique et
« constitué en majeure partie par le grès et le schiste communs alter-
« nant avec quelques bancs de calcaire et de poudingue, il ne faut
« cependant pas au point de vue industriel lui accorder une importance
« aussi considérable, car au Sud de la chaîne cantabrique et dans cette
« même chaîne il paraît être assez pauvre en charbon ; du moins, ne
« connaît-on pas à ce jour un grand nombre de couches de houille dans
« cette région. »

« On peut donc limiter à 16 lieues carrées la partie riche en dépôts
« houillers. Cette région comprend les districts de *Riosa, Mières, Tu-*
« *dela, Langreo, Siero* et *Nava* (en partie), *Bimanes* et *Rey Aurelio*, une
« grande partie de celui de *Laviana*, le nord-ouest de la vallée d'*Aller*,
« le nord de celle de la *Lena* et partie de celle de *Quiros*. »

Avant d'aborder la description du terrain qui nous occupe, il ne sera pas inutile de rappeler en quelques mots les caractères généraux qui distinguent la période géologique à laquelle il appartient.

---

1. Voir le Mémoire intitulé : *Descripcion geológica de Asturias, por D. Guillermo Schulz*, Madrid, 1858.
2. Pages 71 et suivantes.

Divisé en trois sous-étages, l'étage carbonifère qui termine la période dite de transition comprend à partir de la base :

1° Le *calcaire carbonifère*, formé de couches puissantes d'un calcaire généralement dur et compacte, caractérisé le plus souvent par sa couleur foncée[1] et la présence de nombreux fossiles marins. On y distingue également de fréquentes alternances de dépôts schisteux et arénacés et quelquefois des couches de houille plus généralement maigre et anthraciteuse, d'autres fois, par exception, douée de toutes les qualités des meilleures houilles plus modernes.

2° Le *millstone grit*, dont la base constituée par les poudingues siliceux ou felspathiques formés de débris des roches sous-jacentes supporte une série de couches arénacées, où les éléments de plus en plus petits diminuent progressivement de grosseur depuis les brèches directement superposées aux poudingues jusqu'aux grès les plus fins qui représentent les derniers termes de la série.

3° L'*étage houiller* proprement dit, essentiellement composé de dépôts arénacés alternant avec des schistes argileux ou des argiles schisteuses, et renfermant ordinairement un plus ou moins grand nombre de couches de houille. Les nombreux débris de végétaux que l'on rencontre dans les grès et les schistes houillers caractérisent d'une manière toute spéciale au point de vue paléontologique cette partie de la formation carbonifère et autorisent à y voir exclusivement des dépôts d'eau douce, tandis que la faune de l'étage inférieur présente un caractère marin parfaitement défini.

Il s'en faut de beaucoup que les trois divisions précédentes se trouvent toujours et également représentées dans la succession des dépôts qui constituent les différents bassins carbonifères. Pour ne parler que de ceux qui renferment des couches de houille et qui seuls par conséquent peuvent présenter un certain intérêt au point de vue purement industriel où je me place dans cette étude, on remarque des différences très-sensibles dans l'ensemble de leur composition géologique.

Dans les uns, la série des dépôts semble s'être arrêtée au premier étage. Les couches de houille alternant avec des calcaires essentiellement marins paraissent avoir été formées à l'embouchure de rivières ou sur les côtes basses et marécageuses des anciens continents, dont l'abaissement lent et successif a permis aux eaux de la mer de venir progressivement recouvrir de leurs dépôts les couches formées par les détritus des végétaux qui s'y étaient accumulés durant les périodes d'émersion.

Les autres, ne renfermant que des couches d'origine lacustre, se présentent en amas isolés, au milieu des terrains anciens sur lesquels ils

---

[1]. Ce caractère est cependant loin d'être essentiel ; on sait que les calcaires carbonifères des environs de Moscou sont blancs.

reposent directement, sans avoir pour base les assises du calcaire carbonifère. Il semble qu'ils aient pris naissance dans des lacs d'eau douce qui occupaient les dépressions des anciens continents. Les dépôts inférieurs y représentent l'étage moyen de la formation par des poudingues, des brèches et des grès dont les éléments sont empruntés aux roches environnantes.

Quelques-uns, enfin, présentent la série complète. Aux dépôts marins le plus généralement dépourvus de couches de houilles, succèdent les assises arénacées de la période moyenne, suivies à leur tour d'une série de dépôts d'eau douce alternant avec de nombreux lits de charbon. Ce changement complet dans la nature des sédiments indique suffisamment qu'ils ont dû subir à une certaine époque de leur formation une modification dans leur situation géologique.

C'est aux premiers qu'il faut rapporter sans doute le bassin des Asturies, dont les dépôts houillers semblent avoir été contemporains du calcaire carbonifère qui représente la base de la formation et qui domine sur toute l'étendue qu'elle y occupe dans cette contrée [1]. La faune, excessivement riche et parfaitement bien caractérisée du calcaire des Asturies ne laisse aucun doute sur la place qu'il faut lui assigner dans la série géologique et permet de le considérer comme le correspondant du *mountain limestone* des Anglais, le *calcaire de montagne* de nos bassins du Nord. Quoique les dépôts houillers, loin de recouvrir toute l'étendue occupée par la formation calcaire, y dessinent seulement une série d'îlots dont les limites sont assez faciles à tracer, rien ne permet cependant d'établir une distinction bien tranchée dans la série des dépôts, qui semblent s'être succédé sans interruption depuis la fin de la période dévonienne jusqu'à la formation des dernières couches de houille. A travers les nombreux accidents qui ont postérieurement détruit l'horizontalité des strates, brisé et renversé les couches, interrompant leur continuité au point de rendre aujourd'hui fort difficile le rétablissement exact de l'ordre primitif de superposition, un fait ressort cependant très-nettement de l'observation, c'est le parallélisme des couches qui constituent l'ensemble de l'étage carbonifère.

Le *calcaire carbonifère* renferme lui-même, sur plusieurs points, et principalement aux environs des bassins houillers proprement dits, quelques couches de houille et de schiste houiller ; de telle sorte que, si la formation de la houille paraît, toutefois, avoir coïncidé, à l'époque de

---

1. On peut citer parmi les bassins houillers de l'Europe, appartenant à cette même époque, ceux du sud de l'Écosse, du bas Boulonais en France, de Moscou, du Donetz et de l'Oural, en Russie. Dans ces diverses localités, comme dans les Asturies, les couches calcaires schisteuses ou arénacées qui accompagnent les bancs de houille renferment les fossiles marins caractéristiques du *calcaire carbonifère*. On rapporte également à la même période les gisements de la Turquie d'Asie, entre Éregli et Amasri, sur les bords de la mer Noire, étudiés par M. Schlehan, et ceux beaucoup plus considérables de l'Empire chinois.

son plus grand développement, avec le dépôt de sédiments schisteux et arénacés, on ne saurait voir dans cette nouvelle série, stratigraphiquement caractérisée par la présence des grès et des poudingues, et par la rareté du calcaire, que le prolongement, avec un caractère houiller plus prononcé, de la période antérieure dans laquelle la houille a fait sa première apparition.

Les caractères paléontologiques, tirés de l'étude de la faune, semblent d'ailleurs confirmer la liaison intime que les considérations de la stratification permettent d'établir entre les divers éléments de cette formation. Les mêmes fossiles marins qui caractérisent si complétement le calcaire carbonifère des Asturies et permettent de fixer son âge relatif, se rencontrent dans certaines couches schisteuses et arénacées qui font partie de l'ensemble des dépôts houillers supérieurs, où ils alternent avec des couches à empreintes végétales. Cette persistance de la faune carbonifère, pendant toute la durée de la période houillère des Asturies, est un caractère distinctif qui permettrait de la rapporter définitivement à l'étage inférieur de la formation carbonifère, si la présence de certaines empreintes végétales d'époque plus récente n'autorisait cependant à voir dans une partie de ses couches les représentants de l'étage moyen. Quoi qu'il en soit, il n'en reste pas moins acquis que les gisements houillers du Nord-Ouest de l'Espagne sont, de toute façon, antérieurs à ceux des bassins du Nord de la France et de la Belgique[1].

Roches du terrain houiller. — Dans toute la région houillère, la roche dominante est le grès houiller; viennent ensuite les schistes, les poudingues et le calcaire carbonifère.

Grès houiller. — Le grès houiller des Asturies se présente en bancs d'une puissance souvent considérable, dont quelques-uns plus résistants que les autres forment des crêtes saillantes au moyen desquelles on peut suivre la direction générale des couches. Sa couleur est le bleu grisâtre tirant sur le vert dans les parties exposées à l'air. Quelques bancs à texture fine et serrée, à cassure largement conchoïdale, fournissent d'excellentes pierres d'appareil. D'autres, moins tenaces, à texture plus ou moins schisteuse, se délitent à l'air et nécessitent dans les galeries qui les traversent l'emploi de solides boisages. Le grès houiller domine principalement dans la partie occidentale du bassin, où il ac-

---

1. Quelques-uns des bassins secondaires de la province d'Oviedo paraissent même appartenir à une époque encore plus ancienne. L'étude des fossiles du gisement houiller de Ferroñes, faite par MM. Verneuil et d'Archiac, a conduit ces géologues à le considérer comme appartenant à la formation devonienne. (*Bulletin de la Société géologique*, séance du 19 mai 1845.) J'ai cité également dans l'*Introduction* qui précède cette note, et d'après M. Schulz, quelques autres gisements enclavés dans les terrains silurien et devonien de la province, dont l'origine paraît être quelquefois contemporaine de ces formations.

compagne les couches de houille la plupart du temps à l'état de grès schisteux fortement délitable.

Schistes. — Les schistes proprement dits se relient au grès houiller par une série de grès plus ou moins schisteux qui établissent pour ainsi dire un passage ininterrompu entre les deux espèces de roches. Les schistes sont plus fréquents dans la partie orientale où ils forment tantôt le toit, tantôt le mur des couches de houille qu'ils accompagnent. Ils contiennent souvent, dans cette région, une assez forte proportion de pyrites, surtout dans le voisinage des couches de houille, beaucoup plus sulfureuses elles-mêmes sur ce point que les houilles des vallées de Mières, de Turon et d'Aller.

On trouve dans les schistes et dans les grès de nombreux débris de la flore houillère parmi lesquels dominent surtout les tiges de *calamites* et de *sigillaria*, quelques *lepidodendrons* et *stigmaria* (*stigmaria ficoïdes*). Les empreintes de fougères y sont plus rares.

Quelques empreintes de poissons ont été signalées également dans les schistes qui accompagnent les couches de houille des environs de Sama. Certaines couches renferment enfin un grand nombre de coquilles marines identiques à celles que l'on rencontre dans le calcaire carbonifère.

Poudingues. — On distingue dans le bassin des Asturies deux espèces de poudingues : l'un à base de quartz, l'autre formé d'éléments essentiellement calcaires. Le premier se compose de galets de quartzite de grosseur inégale réunis par un ciment siliceux, sorte de grès plus ou moins fin, souvent ferrugineux. Les galets sont généralement elliptiques; beaucoup d'entre eux semblent avoir été fortement comprimés et portent l'empreinte de leurs voisins, d'où il semblerait résulter que, lors de la formation du poudingue ou à une époque postérieure, ils se sont trouvés soumis à l'influence de quelque agent chimique qui aurait eu pour résultat de ramollir momentanément quelques-uns d'entre eux.

Les galets des conglomérats calcaires, plus petits généralement que ceux des poudingues siliceux, ne dépassent guère la grosseur d'une noix; leur couleur varie du blanc au gris plus ou moins jaunâtre. La pâte calcaire est de couleur généralement plus claire. On y rencontre également quelques débris de fossiles; ces fossiles déformés par un frottement prolongé ont été roulés sans doute avec les cailloux qui les accompagnent et proviennent comme eux des couches sous-jacentes.

Trois bancs principaux de conglomérats ou poudingues siliceux traversent le bassin houiller dans une partie de son étendue. Le plus puissant prend naissance à l'ouest de *Riosa* et *Morcin*, à la limite occidentale du terrain houiller, passe au village de la *Foz* et se dirige de là vers l'est en traversant les environs de *Loredo* et *Tudela* pour aller se perdre sous les couches du Trias, près de *Riano de Langreo*. Dans ce trajet, il coupe à peu près perpendiculairement la vallée de *Caudal* au-dessus de Mières où la route d'Oviedo le traverse dans toute son épaisseur.

Sa puissance varie, d'après M. Schulz, de 300 à 1,000 mètres, en y comprenant les quelques bancs de grès, de schistes et même de houille qui s'y trouvent intercalés; dans la partie septentrionale, quelques bancs de poudingue calcaire alternent également avec les couches du conglomérat siliceux.

De la montagne du *Ranero* à l'est de La Pola de Lena, et à la limite méridionale de la partie riche du bassin, part un second banc de poudingue siliceux, réellement composé de deux couches distinctes dont l'écartement assez faible à l'origine augmente sensiblement à mesure que l'on s'avance vers le nord. Ce double banc de poudingue parcourt du sud au nord le bassin carbonifère en décrivant une immense courbe qui tourne sa convexité vers le nord-ouest. Traversant d'abord la rivière de la Lena au niveau de la fabrique d'acier de la *Barcena*, suivant une direction S. N. 30° E, il la recoupe de nouveau en face de l'embouchure du *Rio Aller* pour traverser ensuite les vallées de *Turon* et *San Juan* et aboutir finalement au-dessus de Sama en suivant la direction O. 10° S.— E. 10° N. On remarque entre ces deux bancs de poudingue deux petites couches de houille.

Le troisième groupe de poudingues siliceux n'apparaît que dans la partie méridionale où il est traversé par la vallée d'Aller. Il se compose de trois bancs superposés séparés par des couches de grès, dont l'ensemble apparaît sur le flanc de la vallée en formant un immense arc de soulèvement qui affecte toutes les couches environnantes à l'est du village de *Santa Cruz* (fig. 1, page 17).

Les mêmes bancs apparaissent entre Turon et Urbiès où les couches qui les recouvraient dans la vallée d'Aller semblent avoir disparu[1], puis se dirigent vers Langreo pour aller se terminer dans le haut de la vallée de Zamuño.

Quelques bancs de poudingues calcaires apparaissent dans la vallée du Nalon à l'est de Sama. A la hauteur de *Ciano de Langreo* on compte trois de ces bancs, peu éloignés les uns des autres, et renfermant quelques rares débris de fossiles. Ces trois bancs, entre lesquels on a reconnu quelques couches de houille, se dirigent à peu près S. N., et vont affleurer de nouveau dans la vallée du *Candin* qu'ils coupent sous un angle aigu. Un autre banc plus petit s'aperçoit aux environs de *Linares*.

Calcaire. — Le calcaire carbonifère, si abondant dans toute l'étendue de la formation carbonifère des Asturies, apparaît plus rarement dans l'intérieur des bassins houillers proprement dits. On le rencontre presque uniquement sur leurs limites où sa présence peut être considérée

---

1. Schulz. *Descripcion geológica de Asturias*, etc.

comme l'indice de la disparition prochaine des couches de houille. Dans la vallée d'Aller, quelques bancs de calcaire alternent cependant avec les couches de houille. Il en est de même sur le Ranero.

La couleur du calcaire carbonifère est le gris plus ou moins bleuâtre avec veines blanches de spath calcaire; sa texture est fine et serrée, sa cassure légèrement conchoïdale. Toutes les couches de calcaire sont plus ou moins fossilifères; quelques-unes ne renferment que de rares débris d'entroques, d'autres au contraire présentent une faune riche et variée parmi laquelle on rencontre surtout de nombreuses espèces de *spirifers* et de *productus* très-abondants dans les calcaires de la rive gauche de la Lena, du Ranero et de la vallée d'Aller[1].

Stratification. — Direction et inclinaison des couches. — Épaisseur probable de la formation. — Après avoir examiné la nature des roches qui composent la formation houillère des Asturies et exposé les considérations qui peuvent servir à en déterminer l'âge relatif, il me reste à parler d'une question fort importante, tant au point de vue géologique qu'au point de vue industriel et qui se présente ici tout naturellement. Quelle est l'épaisseur probable de l'étage houiller et quel est le nombre de couches de houilles qui se sont successivement déposées pendant cette longue période de végétation puissante qui caractérise d'une manière si remarquable cette grande époque géologique?

La réponse ne laisse pas que de présenter certaines difficultés. Le simple examen de la carte orographique des Asturies dressée par M. Schulz montre que l'on a affaire à une contrée essentiellement montagneuse, coupée en tous sens par des vallées étroites et profondes, et dont le relief accidenté accuse une stratification fortement bouleversée. L'examen géologique des lieux confirme pleinement ces suppositions et met en évidence les irrégularités de direction et d'inclinaison, conséquences inévitables des nombreux accidents qui ont affecté à diverses reprises le terrain houiller des Asturies[2]. Sur plus d'un point les couches

---

1. Ces fossiles sont identiques à ceux qui caractérisent le calcaire carbonifère des autres contrées et ne laissent par conséquent aucun doute sur l'âge relatif de ces dépôts. Ils ne sont pas d'ailleurs particuliers aux couches calcaires, et on les retrouve, ainsi que je le disais précédemment, dans certaines couches de schiste et de grès qui accompagnent des bancs de houille. Cette circonstance est importante à noter, puisqu'elle permet de préciser la relation intime qui existe entre les divers éléments du terrain houiller des Asturies. Des recherches plus attentives permettront sans doute de multiplier les observations de ce genre ; pour le moment, je me contenterai de signaler la présence du *Spirifer mosquensis*, des *Productus semireticulatus*, *P. cora*, *P. longispinus*, etc., dans les schistes qui accompagnent une couche de houille voisine du second banc de poudingue, et dans une couche de grès schisteux faisant partie de l'ensemble de la formation houillère de la vallée d'Aller, entre les villages de *Moreda* et de *Piñeres*.

2. Le soulèvement qui a donné à la chaîne pyrénéenne son relief actuel, et dont la date est postérieure au dépôt du terrain nummulitique, n'est pas le seul accident qui ait contribué à émerger le sol des Asturies. On retrouve les traces de ce soulèvement parfaitement

paraissent avoir subi un renversement complet, d'autres sont brisées et brusquement interrompues, et au milieu de la confusion générale qui résulte de ce bouleversement de la stratification, il devient fort difficile d'établir l'ordre naturel de superposition en fixant à chacune des couches la place exacte qu'elle devait primitivement occuper dans l'ensemble de la formation. L'observation superficielle du terrain ne sera pas toujours suffisante pour arriver à cette détermination, et jusqu'ici l'exploitation confinée dans une région peu étendue n'a pas été d'un grand secours aux études géologiques.

L'extension de l'exploitation sur toute l'étendue du bassin mettra sans doute en évidence une foule de faits ignorés jusqu'à ce jour et fera ressortir les relations qui peuvent exister entre les couches exploitées sur différents points plus ou moins éloignés les uns des autres. L'observation comparée des roches traversées par les galeries de recherche et d'extraction permettra de déterminer un certain nombre d'horizons qui serviront de points de repère pour rétablir l'ordre de superposition. Mais avant qu'une étude approfondie et détaillée de toutes les parties du bassin ait permis de réunir les éléments suffisants pour déterminer cette succes-

indiquées dans la bande de terrain crétacé qui vient affleurer au sud de Sabero, sur le versant méridional de la chaîne cantabrique pour se perdre sous les dépôts tertiaires et diluviens de la plaine de Léon et de Castille. Mais une direction à peu près parallèle se rencontre également dans une série d'accidents qui ont dû affecter le sol de cette contrée à une époque de beaucoup antérieure. C'est à eux qu'il faut rapporter, sans doute, la direction du grand axe des bassins houillers de Baruelo et de Sabero, celles des couches siluriennes à *Paradoxides*, enclavées dans le terrain devonien de la Pola de Gordon et des alternances de terrain carbonifère et devonien des environs de Busdongo. directions qui paraissent devoir rattacher ces accidents au système du Forez, dont la direction O. 15°, N. à E. 15°, S. se retrouve, d'après M. Élie de Beaumont, dans les couches du terrain carbonifère inférieur des bassins du centre de la France et des Corbières, dans les Pyrénées-Orientales; dans le *Millstone grit* du pays de Galles et de White-Haven, et jusque dans la chaîne des Monts Obdorcs, au nord de l'Oural; il cite encore, comme subordonné à ce même soulèvement, le sous-sol du bassin houiller de Surocco (San-Juan-de-las-Abadesas), en Catalogne, qui lui aurait ainsi emprunté sa direction E.-O. Un coup d'œil jeté sur la carte géologique de MM. de Verneuil et Collomb fait immédiatement saisir le parallélisme de ces gisements houillers, situés aux deux extrémités de la chaîne pyrénéo-cantabrique, et il semble difficile de ne pas compléter le rapprochement en rapportant au même soulèvement les accidents qui ont déterminé la direction de leurs axes.

Une autre direction, qui paraît tout aussi fréquente que les précédentes dans la contrée qui nous occupe, est sensiblement parallèle au méridien géographique, à peu près perpendiculaire, par conséquent, aux deux premières et à la direction de la côte cantabrique. Cette direction, qui est celle de plusieurs vallées secondaires de la province des Asturies, domine dans les lignes de séparation des divers terrains de transition et dans le tracé de la côte occidentale de la Péninsule. En s'avançant de la côte de la Galice, vers l'Est, on remonte la série géologique des terrains, depuis le granite jusqu'au trias, et on les voit s'appuyant les uns contre les autres, suivant une série de lignes dirigées sensiblement N. 20° E.

Il est probable qu'une analyse attentive de la stratification du sol des Asturies permettra de reconnaître successivement, dans les nombreux accidents qui en ont troublé la régularité, les traces des divers soulèvements déjà signalés par M. Durocher (*Annales des Mines*, t. VI, 4e série, 1844) dans la partie orientale de la chaîne Pyrénéo-Cantabrique.

sion, il ne me paraît pas possible d'apprécier d'une manière exacte la puissance totale que pouvait avoir la formation houillère.

Je me contenterai donc d'exposer d'une manière sommaire les principales observations sur lesquelles on peut s'appuyer aujourd'hui. Les considérations qu'un rapide examen de la localité m'a permis d'ajouter aux faits connus serviront, je l'espère, sinon à trouver immédiatement la solution du moins à éclairer la voie dans laquelle il convient de poursuivre les recherches.

Quelques mots auparavant sur l'orographie de la contrée faciliteront cette étude.

Situé sur le revers septentrional de la chaîne cantabrique, le bassin houiller du centre des Asturies présente un relief fortement accidenté. Les couches du terrain, partout relevées dans une position voisine de la verticale, atteignent vers la partie méridionale une altitude de près de 1,000 mètres sur le *Ranero* et le *Carrocedo*.

Trois vallées principales traversent le terrain houiller suivant deux directions à peu près perpendiculaires : la vallée de la *Lena* et du *Caudal* qui se dirige à peu près N. S. entre la Pola de Lena et Mières pour tourner ensuite à l'ouest; celle du *Nalon* qui entre dans le bassin houiller à Pola de Laviana et le coupe transversalement dans sa partie septentrionale suivant une direction N. N. E. à S. S. O. en passant par Sama de Langreo pour en sortir à Tudela. Une troisième vallée, celle de l'*Aller*, parallèle à la seconde, coupe le bassin à quelques kilomètres au-dessus de Pola de Lena.

Le massif montagneux compris entre les deux vallées du *Nalon* et du *Caudal* est à son tour divisé par un certain nombre de vallées secondaires s'élevant jusqu'à la ligne de faîte qui sépare les bassins des deux rivières, et dont les principales sont : du côté du Caudal, les vallées de *Turon* et de *San-Juan*, orientées à peu près E. O.; du côté du Nalon, celles de *Lada*, de *Sama* et de *Zamuño* perpendiculaires à sa direction. Les deux premières communiquent avec la vallée de San-Juan par un col qui sert de passage entre les vallées de Mières et de Sama. Au Nord-Ouest de Sama, s'ouvre sur la rive droite du Nalon une autre vallée secondaire, celle du *Candin*, qui se termine à la limite même du terrain carbonifère dont les couches fortement relevées servent ici de support aux dépôts plus modernes du trias et de la craie.

Ces vallées coupent le plus souvent perpendiculairement ou obliquement la direction de la stratification. De la Pola de Lena à Mières les couches suivent sensiblement la direction du méridien et se trouvent par conséquent à peu près parallèles à l'axe de la vallée qu'elles coupent sous un angle très-aigu aux environs d'Ujo. Cette direction oscillant entre N. 40° E. et N. 40° E., se retrouve dans les couches de la vallée d'Aller entre *Moreda* et *Piñeres*, et à l'autre extrémité du bassin dans la vallée du Candin, où elle se maintient entre 10° et 15° Est. Sur l'autre versant du *Longalendo*, dans la vallée de Turon, on remarque au contraire une direction à peu près perpendiculaire à la précédente O. 18° N. à E. 18° S., signalée par M. Virlet d'Aoust, et qui coïncide par conséquent avec celle de la chaîne Pyrénéo-Cantabrique; mais c'est la direction E. 10° N. à O. 10° S. qui semble dominer presque exclusivement dans toute la partie septentrionale du bassin entre les vallées de San-Juan et du Nalon; on peut la constater dans les mines de la rive gauche du Caudal, vis-à-vis de Mières, dans les grès cinabrifères de la *Peña*, comme aussi dans les couches qui viennent affleurer sur la rive gauche du Nalon aux environs de Sama. De telle sorte que l'on peut dire, d'une manière générale, que les directions des couches relevées du terrain houiller dans le bassin central, abstraction faite de quelques accidents secondaires, peuvent être rapportées à deux directions principales : l'une N. N. E. à S. S. O. particulière à la partie méridionale; l'autre E. O. avec oscillation de quelques degrés en dessus et en dessous, qui semble avoir infléchi toutes les couches vers l'Est, à partir d'un certain point; l'une de ces directions se trouvant parallèle à l'axe de la chaîne principale et à la ligne de la côte, l'autre coïncidant avec celle des vallées transversales.

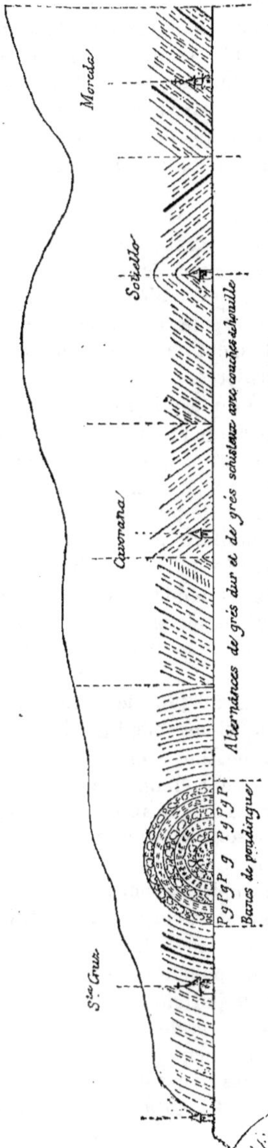

Plus fréquents que les précédents, les changements d'inclinaison se succèdent sur certains points avec une grande rapidité. C'est ainsi que dans les deux premières lieues de la vallée d'Aller, à partir de la chaîne principale jusqu'à Collanzo, M. Schulz compte sept changements d'inclinaison dans les affleurements qui se dessinent sur les versants de la vallée et qui plongent ainsi dans cet intervalle trois fois au N. N. O., trois fois au S. S. E., une fois suivant la verticale. De Santa-Cruz à

Fig. 1. — Coupe de la vallée d'Aller, entre Santa-Cruz et Moreda.

Moreda, à l'entrée de la même vallée, on remarque, en suivant la route tracée à flanc de coteau une succession de quatre inclinaisons à l'ouest-nord-ouest, et de trois à l'est-nord-est (fig. 1, p. 17). Au-dessus de Moreda l'inclinaison O. N. O. se maintient sur une étendue de plus de 2 kilomètres (fig. 2, p. 19). Le même phénomène se retrouve dans la vallée du Nalon où les couches changent sept fois d'inclinaison entre Pola de Laviana et Sama de Langreo sur un espace de deux lieues. « En tenant compte, dit
« M. Schulz[1], du fractionnement du terrain dont les divers tronçons
« posés sur leur tranche apparaissent accolés les uns aux autres, et en
« considérant que le nombre des bancs de houille actuellement décou-
« verts dans cet espace de deux lieues peut s'estimer à 70, il suffirait que
« le bassin primitif, avant d'avoir été fractionné et replié sur lui-même,
« eût contenu une série de dix couches de houille superposées pour qu'on
« en vît aujourd'hui 70, sans qu'il soit actuellement possible de désigner
« celles qui en sont les premières ou les dernières. »

Sur certains points, cependant, le plissement du terrain s'étant effectué sans briser les couches, on peut dans une certaine mesure en suivre les ondulations et en déterminer les relations. C'est ce qui a lieu pour la partie occidentale de la vallée d'Aller où j'ai déjà signalé plus haut l'affleurement d'un arc de soulèvement fourni par le plissement des couches du poudingue et celles du grès carbonifère avec lequel elles alternent, comme on peut le voir sur la figure 1. Cette première ondulation, qui occupe une longueur de plus d'un kilomètre, est suivie de plusieurs autres de moindre importance, qui paraissent n'avoir affecté qu'une partie des couches superposées au poudingue; mais en aucun de ces points le terrain houiller n'apparaît dans toute son épaisseur.

J'ai dit qu'à l'Est de Moreda on pouvait suivre sur plus de 2 kilomètres la stratification du terrain sans rencontrer de changement dans l'inclinaison. L'ensemble de ces couches en stratification concordante, formées d'alternances de grès et de schistes avec couches de houille et comprenant accidentellement quelques couches de calcaire carbonifère, représenterait en tenant compte de l'inclinaison moyenne de 70°, une épaisseur totale de 1900 mètres au minimum.

Or, ce système de couches est évidemment indépendant de celui que l'on peut observer à l'entrée de la vallée comme superposé au poudingue de Santa-Cruz, car on ne retrouve pas dans les ondulations du terrain qui le recouvre les mêmes successions de couches observées entre Moreda et Piñeres et dont l'ensemble se trouve parfaitement caractérisé par la présence des bancs de calcaire de *Loyanco* et de *Miciegos* (fig. 2).

D'autre part il est à supposer que, conformément à ce qui se passe dans les autres bassins houillers, le système des bancs de poudingue de Santa-Cruz représente l'horizon inférieur de la formation dont les cou-

---

[1]. Mémoire déjà cité.

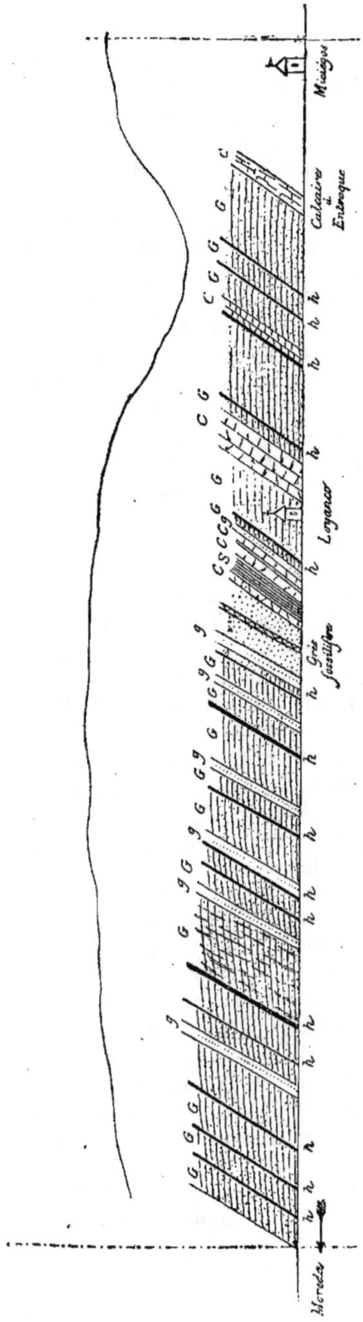

— 19 —

ches relevées entre Moreda et Piñeres représenteraient à leur tour la partie supérieure. En supposant que cette hypothèse se vérifie, on trouverait pour l'ensemble de la formation une épaisseur supérieure à 3 000 mètres. Mais il faut avant tout que l'étude des autres parties du bassin vienne confirmer ces suppositions, et pour cela, il convient tout d'abord de se rendre compte des relations qui existent entre le système des couches qui viennent couper la vallée d'Aller, et celles dont les affleurements se dessinent dans les vallées du Nalon, du Candin et aux environs de Mières. Ces dernières sont-elles le prolongement des premières, ou forment-elles encore un système indépendant, dont l'épaisseur viendrait s'ajouter à la première? Pour résoudre cette question il faudrait nécessairement posséder un nombre d'observations beaucoup plus considérable que celui dont je puis disposer actuellement. Mais, en prenant pour termes de comparaison les deux vallées d'Aller et du Nalon, qui coupent toutes deux sous un angle voisin de 90° le plan de stratification du terrain, et qui présentent une certaine facilité d'observation, on pourrait constater sans grandes difficultés s'il y a lieu ou non d'établir un rapprochement entre les couches qui viennent respectivement y affleurer.

Quelques couches caractéristiques convenablement choisies serviraient de base à ces recherches. Déjà l'on peut dire que les cou-

FIG. 2. — Coupe de couches dans la vallée d'Aller à l'Est de Moreda.

h. — Houille. | G. — Grès plus ou moins schisteux. | g. — Grès dur. | S. — Schiste. | C. — Calcaire carbonifère.

ches exploitées dans la vallée du Candin sont le prolongement de celles qui affleurent sur la rive gauche du Nalon entre les vallées de Lada et de Sama. On peut même affirmer que certaines de ces couches traversent le bassin houiller dans toute sa longueur du S. O. au N. E., en décrivant une courbe dont la convexité est tournée vers le N. O. J'ai dit, en effet, précédemment, que le second banc de poudingue siliceux qui partait des hauteurs du Ranero, à l'Est de la Pola de Lena, se retrouvait sur les rives du Nalon en face de la Felguera, après avoir traversé les vallées de Lena, de Turon et de San-Juan, c'est-à-dire toute la partie centrale du bassin. Les couches de grès et de houille qui l'accompagnent dans la vallée de la Lena semblent le suivre également dans ce long parcours. Quoique la distance qui sépare la houille du poudingue aille en augmentant à mesure que l'on se rapproche de Sama, aucun accident de stratification ne fait supposer que la continuité de cet ensemble de couches ne soit pas complète sur toute la longueur du bassin. Il y a plus : la couche de houille qui vient affleurer à l'Est du deuxième banc de poudingue sur la rive droite de la Lena, en face du hameau de *Sanriello*, est accompagnée d'un banc de *schiste fossilifère*, dont j'ai déjà précédemment signalé l'existence et particulièrement caractérisé par l'abondance des valves du *Spirifer Mosquensis*, dont il est pour ainsi dire pétri ; or, ces mêmes fossiles ont été rencontrés dans les schistes de même nature qui accompagnent la couche « Leona » exploitée autrefois sur la rive gauche du Nalon à peu de distance de l'affleurement du même banc de poudingue. Ce fait ne me paraît laisser aucun doute sur l'identité des deux couches, et semble affirmer d'une manière complète la continuité de la stratification dans cette partie du bassin. Or, la direction E. 10° S. — O. 10° N. suivie par le banc de poudingue aux environs de la mine « Leona » se retrouve dans les couches que l'on rencontre en tournant le *Confel* et en remontant la vallée de Sama ; ces mêmes couches prolongées traversent en partie la vallée de *San-Juan*, formant ainsi un faisceau compacte qui se trouve directement en contact avec le poudingue de Ranero. Le sens de l'inclinaison semblerait indiquer que le banc de poudingue leur serait superposé ; toutefois, certains indices résultant de l'examen des couches de houille peuvent faire supposer que l'ensemble du système a subi un renversement qui a interverti dans cette partie l'ordre naturel de superposition. Ce renversement des couches est d'ailleurs un accident assez fréquent dans le terrain de transition des Asturies. Plusieurs exemples de ce genre, fort intéressants, dans lesquels le terrain carbonifère se présente recouvert par des assises appartenant à la période devonienne, ont été signalés par MM. Schulz et Cassiano de Prado tant dans la partie occidentale des Asturies que dans le bassin de *Sabero* situé sur le versant méridional de la chaîne cantabrique.

On se rappellera que cette direction de l'Est 10° Sud à l'Ouest 10° Nord est également celle des couches qui traversent le Caudal au-dessus de

Mières; on la retrouve aussi dans le premier banc de poudingue qui suit la limite septentrionale du bassin houiller de La Foz à Tudela, de telle sorte que, si une coupe de terrain faite perpendiculairement à cette direction entre la vallée du Nalon aux environs de Tudela et la vallée de Zamuño au Sud-Est de Sama venait confirmer les suppositions que l'on peut déduire du parallélisme de direction, quant à la concordance de stratification, l'épaisseur du terrain houiller prise sur ce point dépasserait de beaucoup celle que j'ai supposée précédemment.

Ce ne sont encore là, toutefois, que des conjectures qu'un examen approfondi du terrain accompagné de plans et de coupes pourra seul transformer en réalités. L'étude des divers bancs de poudingue siliceux et calcaires qui sillonnent le terrain houiller serait particulièrement intéressante au point de vue des données qu'elle pourrait fournir sur leur situation primitive par rapport à l'ensemble de la formation. Ces groupes de conglomérats qui viennent affleurer suivant la limite septentrionale du bassin houiller représentent-ils la base de la formation? Les deux couches de poudingue qui traversent obliquement le bassin depuis *Sanriello* jusqu'au-dessus de *Sama* et les bancs plus puissants qui coupent la vallée d'Aller à l'Est de Santa-Cruz sont-ils complétement indépendants des premiers, de telle sorte que, superposés à une certaine distance les uns des autres, ils divisent la formation en deux ou trois étages successifs? Ce sont autant de questions qu'il faudrait pouvoir résoudre. Un fait certain, c'est que le plissement des couches de poudingue dans la vallée d'Aller à l'Est de Santa-Cruz est le résultat d'un soulèvement qui a amené ces couches au jour en brisant et en écartant les assises supérieures. Or, il est à remarquer qu'en traçant une ligne de Santa-Cruz à l'extrémité de la vallée de *Zamuño*, où, suivant M. Schulz, vient disparaître l'affleurement de ces couches de poudingue, cette ligne suit à très-peu près la direction E. 10° N.-O. 10° S., qui est celle de la stratification dans la partie septentrionale du bassin. Cette direction serait donc intimement liée au soulèvement qui a produit le grand arc de Santa-Cruz, et c'est sur ce point, par conséquent, qu'il conviendrait, à mon avis, de concentrer son attention.

Mais j'en ai dit assez pour faire comprendre les difficultés qui se présentent et l'intérêt qu'il y aurait à les résoudre.

Pour résumer les considérations précédentes, il paraît résulter de l'ensemble des observations acquises aujourd'hui que certaines couches se prolongent sur toute l'étendue du bassin; que cette continuité de direction paraît être interrompue dans le centre et le Sud-Est par le soulèvement qui a amené au jour les poudingues de Santa-Cruz et brisé les couches superposées; qu'il résulte de ce bouleversement une complication telle dans la situation de ces couches brisées et quelquefois même probablement renversées, qu'il n'est pas possible aujourd'hui de déterminer d'une manière exacte leur ordre de succession et d'en rétablir la continuité, sans une étude de longue haleine. Jusqu'à ce que ce travail ait été exécuté, il demeure impossible de fixer d'une façon certaine l'épaisseur moyenne de la formation.

II

De la houille des Asturies. — Situation des couches. Leur puissance. — Nature de la houille.

Nombre des couches de houille. — Les couches de houille qui caractérisent d'une manière si spéciale la période carbonifère se rencontrent en abondance dans le terrain du centre des Asturies. Leur plus grand développement correspond à l'époque du dépôt des couches arénacées et schisteuses qui ont succédé au calcaire carbonifère, et qui constituent le véritable terrain houiller des Asturies. Elles alternent tantôt avec les bancs de poudingue siliceux et calcaire, tantôt avec les couches de grès et de schistes, se succédant souvent à des distances très-rapprochées et généralement groupées de manière à former des séries successives séparées par des massifs complétement stériles.

Jusqu'ici, aucune étude d'ensemble n'a permis de coordonner les recherches exécutées sur les différents points du bassin, et il suffit de se reporter aux observations qui terminent le chapitre précédent pour comprendre qu'il n'est pas possible de fixer dès à présent le nombre exact des couches de houille qui se sont successivement déposées et dont on ne retrouve aujourd'hui que des fragments souvent isolés, quelquefois brisés et repliés de manière à produire une confusion au milieu de laquelle il est difficile de rétablir l'ordre primitif. Les exploitations actuelles n'occupent d'ailleurs qu'une bien faible partie du bassin; sur tous les autres points les couches de houille ne sont réellement connues que par leurs affleurements; et l'on comprend que des travaux de recherche spéciaux seraient indispensables pour en déterminer exactement le nombre et l'importance. Néanmoins, en admettant même que des observations ultérieures viennent à démontrer l'identité des couches reconnues dans les vallées de Turon et d'Aller avec celles que l'on exploite actuellement aux environs de Sama et de Mières, les résultats des reconnaissances faites jusqu'à ce jour permettent encore d'affirmer que le nombre total des couches de houille atteint un chiffre assez élevé. La galerie de travers banc de la mine « la Mosquitera » dans la vallée du Candin, prolongée jusqu'à la vallée de *San-Andrés* sur une longueur totale de 3500 mètres doit recouper 70 couches. Mais la différence de pendage observée à ses deux extrémités fait supposer que ces couches doivent former dans l'intérieur du massif qui sépare les deux vallées un pli en forme de *fond de bateau*, et que par conséquent une partie des couches de houille rencontrées dans la vallée de San-Andrès ne seraient que le prolongement de celles de la vallée du Candin. Jusqu'ici le tronçon ouvert de ce côté a traversé sur une longueur de 1 300 mètres et sans changement d'inclinaison 23 couches exploitables mesurant par conséquent une épaisseur *minima* de $0^m,30$.

Dans la vallée de Turon M. Virlet d'Aout a dernièrement reconnu plus de 80 couches différentes exploitables.

Des recherches que j'ai faites moi-même dans la vallée d'Aller, aux environs de Moreda, m'ont permis de constater sur ce point la présence d'une quarantaine de couches espacées sur une longueur de deux kilomètres environ et régulièrement superposées.

Épaisseur des couches. — L'épaisseur des bancs de houille déposés dans un même bassin est généralement en proportion inverse de leur nombre. C'est ainsi que tandis que les bassins houillers du Nord de la France, de la Belgique, de la Rhur en Westphalie, contiennent un nombre de couches variant de 50 à 110, d'une puissance moyenne de 0.50 à 0.70, les couches des bassins de la Loire et de Saône-et-Loire qui ne sont pas au nombre de plus de 10 pour le dernier et 25 pour le premier, atteignent des épaisseurs de 10, 20, 30 et même 40 mètres sur quelques points (le Creusot, Monchanin).

La même règle s'applique au bassin des Asturies. Comme dans le Nord de la France les couches y sont nombreuses, mais leur épaisseur varie depuis 25 et 30 centimètres à 2 et 3 mètres au plus. A l'entrée de la vallée du Candin, du côté de la Felguera, on rencontre deux couches de 2 mètres et $2^m.50$. M. Virlet a signalé également dans la vallée de Turon une couche de $2^m.10$. Dans la vallée d'Aller, on rencontre quelques couches dont l'épaisseur moyenne atteint $1^m.50$. La généralité, cependant, ne dépasse pas $0^m.90$ à 1 mètre, et l'on peut dire que la puissance moyenne des couches dans tout le bassin houiller des Asturies se maintient entre $0^m.60$ et $0^m.90$.

Leur distance varie comme leur puissance; il faut observer, toutefois, qu'elles sont généralement groupées en nombre plus ou moins considérable, formant des massifs isolés par des parties complètement stériles. Dans ces massifs l'écartement moyen des couches est de 50 à 60 mètres, quoique souvent elles se rapprochent à 10 ou 15 mètres et quelquefois moins. La coupe indiquée par la figure 2 (p. 19) montre la disposition des couches sur une étendue de 2000 mètres, dans la vallée d'Aller, entre Moréda et Miciegos. On voit que les couches de houille au nombre de 18 y alternent avec des bancs de grès houiller et de calcaire carbonifère, dont les épaisseurs atteignent sur quelques points des dimensions considérables.

L'inconvénient résultant de cet écartement, au point de vue du développement à donner aux galeries à travers banc, disparaît dans le cas présent; l'axe de la vallée étant à peu près perpendiculaire à la direction de la stratification, les couches peuvent être attaquées directement sans qu'il soit besoin de les recouper par une galerie transversale.

Cette particularité se reproduit également sur la rive gauche du Nalon entre Sama et la vallée de Lada, où les couches viennent affleurer sous une direction E. 10° N. à peu près perpendiculaire à celle de la vallée.

Direction et inclinaison des couches. — La direction des bancs de houille suit naturellement celle de la stratification du terrain encaissant; elle partage ses variations et subit comme elle de fréquents changements. C'est ainsi que tandis que, vers le milieu de la vallée d'Aller la direction des couches de houille fait avec le méridien magnétique un angle de 30 à 40° vers l'est, elle affecte dans la vallée de Turon la direction générale de la chaîne cantabrique E. 18° S. à O. 18° N.; entre les vallées de San-Juan, de Sama et du Nalon elle devient O. 10° S. à E. 10° N. pour s'incliner de nouveau au N. 15° E. dans la vallée du Candin. Il est clair que ces variations de direction amènent nécessairement de nombreux changements dans le sens de l'inclinaison des couches qui plongent tantôt au N. O., tantôt au S. E., mais généralement sous un angle de 60 à 80°. L'inclinaison se réduit cependant quelquefois à 45 ou 50° vers les points d'affleurement, ce qui semblerait indiquer qu'au moment du soulèvement qui les a relevées dans leur position actuelle, les couches n'avaient pas encore atteint leur complet durcissement et qu'elles ont dû céder sous le poids des dépôts qui les recouvraient.

Je me suis suffisamment étendu sur ces questions de stratification dans le chapitre précédent pour n'avoir pas à m'y arrêter plus longtemps. Mais je dois signaler l'influence que ces accidents généraux ont exercé sur l'allure des couches de houille intercalées. Les plissements résultant des perturbations géologiques qui ont si profondément affecté le sol des Asturies viennent souvent modifier dans une même couche le sens de l'inclinaison. J'ai déjà cité plus haut les nombreuses variations d'inclinaison qu'affectent les assises du terrain de la vallée du Nalon et de la vallée d'Aller, variations auxquelles participent nécessairement les couches de houille qui les accompagnent. Le même phénomène se répète sur plusieurs autres points, et il est probable que l'extension de l'exploitation en fera successivement constater de nouveaux exemples. Mais de tous les accidents, qui affectent généralement les couches de houille, les plus communs dans les Asturies sont les *crains* ou rétrécissements subits qui ont le plus souvent pour conséquence de faire disparaître momentanément toute trace de charbon. Ces accidents, qui se répètent quelquefois tous les 200 ou 300 mètres, entravent considérablement l'exploitation.

Si les recherches entreprises en vue de déterminer l'épaisseur probable de la formation houillère doivent présenter un intérêt tout spécial au point de vue industriel en permettant de déterminer le nombre des couches de houille que l'on devra rencontrer sur tel point déterminé, il est une autre question qui n'intéresse pas moins l'exploitation et qu'une étude plus complète de la stratification du terrain houiller permettrait également de résoudre : je veux parler de la continuité des couches en profondeur. Sur toute l'étendue du bassin les couches relevées sous un angle de 70 à 80° forment entre les vallées des massifs montagneux dont la hauteur moyenne peut être évaluée à 3 ou 400 mètres au-dessus du thalweg. L'exploitation en hauteur des lits de charbon intercalés dans ces massifs nécessitera sans doute un certain nombre d'années; mais il viendra un moment où la partie supérieure des couches se trouvant épuisée, il faudra descendre au-dessous du niveau des vallées. Quelle sera l'étendue de ce nouveau champ d'exploitation?

Ces couches si fortement inclinées dont les tranches successives composent la surface actuelle du sol ne peuvent se prolonger indéfiniment en profondeur. Peut-être ces affleurements sont-ils les prolongements redressés de couches superposées qui reprendront en dessous du sol une position plus voisine de l'horizontale? Si, au contraire, les divers groupes qui viennent s'appuyer ou butter les uns contre les autres sont autant de fragments distincts du terrain soulevé et brisé, la hauteur verticale des couches sera nécessairement proportionnelle à l'étendue de ces fragments que nous voyons aujourd'hui dans une position perpendiculaire à celle qu'ils occupaient lors de leur formation. Cette étendue, nous ne la connaissons pas aujourd'hui, et aucune recherche n'a permis de déterminer encore la profondeur à laquelle on doit rencontrer au-dessous du terrain houiller les couches qui lui servent de support. Je laisse donc à l'avenir le soin de résoudre la question.

Nature de la houille. — Les houilles des Asturies sont généralement de nature grasse, et particulièrement propres aux usages de la métallurgie; au feu, elles se boursoufflent, se collent et brûlent avec une flamme longue. Riches en produits gazeux, elles sont peu pesantes, présentent un éclat brillant et se brisent avec une grande facilité. Ces caractères généraux se modifient cependant dans une certaine mesure suivant la localité; sur certains points on ne rencontre même que des houilles maigres et sèches au point de ne pouvoir pas servir à la fabrication du coke. Ces variétés sont toutefois plutôt des exceptions, et la généralité des houilles exploitées dans toute l'étendue du bassin donne de bons résultats à la calcination.

De nombreuses analyses ont été faites sur les houilles des Asturies par M. Paillette, auquel on doit d'intéressantes observations sur la géologie de cette province[1]. On trouve dans l'ouvrage de M. Schulz un résumé de ces analyses que je crois devoir reproduire ici :

Nombre de couches ayant fourni les échantillons	LOCALITÉS.	COKE pour 100 de houille.		CENDRES pour 100 de houille.		MOYENNE DES ESSAIS de chaque groupe.	
						COKE pour 100.	CENDRES pour 100.
6	*Olloniego	60.1	à 66.4	1.5	à 4.7	63.4	3.6
3	*Tudela	66.0	69.0	1.0	2.0	67.7	1.7
11	*Mieres	59.3	69.0	0.7	4.8	63.9	2.4
2	*Lena	62.2	68.7	2.8	3.7	67.5	3.3
15	*Langreo	54.6	63.5	0.4	3.9	59.1	1.9
24	*Siero	53.0	62.6	0.5	3.7	59.4	1.8
1	Torazo en Cabranes	77.0	»	1.6	»	»	»
9	Viñon, au sud de Villaviciosa	72.0	92.0	3.0	5.0	85.2	4.3
2	Colunga	89.0	90.0	5.6	6.0	89.5	5.8
1	Ronciello (Nueva)	70.0	»	7.5	»	»	»
1	Arenas de Cabrales	68.0	»	10.0	»	»	»

Les six premières analyses se rapportent à des échantillons provenant du bassin principal des Asturies; les autres correspondent à divers bassins secondaires.

Voici, d'autre part, également d'après M. Schulz, un extrait des analyses faites par M. de Aspiroz, au laboratoire de la fabrique d'armes de Truvia, sur divers échantillons de houille des Asturies[2] :

COUCHES.	LOCALITÉS.	COKE pour 100 de houille.		CENDRES pour 100 de houille.		NOMBRE DE CALORIES correspondantes en prenant pour base le chiffre de 7.815 pour le carbone pur.	
4	Riosa et Morcin	58.4	à 67.0	3.4	à 8.2	6.173	à 6.642
2	Olloniego	62.2	63.0	2.2	5.8	»	»
4	Sama	56.0	66.5	2.2	4.0	5.627	6.508
9	Santa-Ana	58.0	64.0	2.4	4.0	6.200	6.400
3	Arenas en Siero	55.4	58.8	1.4	3.0	6.018	6.174
1	Santofirme	57.4	»	9.6	»	5.734	»
1	Arnao (Avilès)	54.4	58.6	8.0	18.0	4.320	5.157
2	Anthracite de Colonga	86.4	87.4	5.4	6.5	7.268	7.336

1. Voir le Mémoire intitulé : *Recherches sur quelques roches qui constituent la province des Asturies*, par A. Paillette. *Bulletin de la Société géologique de France*, 1845.
2. Ces analyses ont été publiées par la *Société économique* d'Oviedo, en 1843 et 1857, et dans la *Revista minera*, tome VI, page 56 et suivantes.

Les cinq premières correspondent seules au bassin central.

On voit par ces résultats que la teneur en coke des houilles du centre des Asturies serait en moyenne de 50 à 67 pour 100 pour une quantité de cendres variant de 1,7 à 3,6 pour 100.

Les résultats industriels restent sensiblement au-dessous de ces rendements.

Dans le bassin de Sama, le rendement des houilles menues calcinées à l'usine de la Felguera ne dépasse pas 50 pour 100 de coke. Plusieurs qualités de houille de cette localité ne peuvent se traiter qu'au four Appolt, et il existe même au nord-est du bassin certaines couches de houilles sèches tout à fait impropres à la fabrication du coke.

Les houilles de cette partie du bassin sont généralement pyriteuses et les menus fortement mélangés de schistes demandent à être préalablement lavés avec soin.

Dans la vallée du Caudal et aux environs de Mières, la qualité de la houille paraît supérieure. On y rencontre peu ou point de pyrite et le rendement en coke atteint un chiffre plus avantageux. Les charbons des environs de *Figaredo*, à l'entrée de la vallée de Turon, produisent *à l'air libre* un coke d'excellente qualité pour les applications métallurgiques. Les menus employés à l'usine de Mières pour la fabrication du coke dans les fours ordinaires donnent un rendement de 56 à 63 pour 100; la moyenne peut être estimée à 57 1/2 pour 100. Le coke obtenu est dur, brillant, sonore et d'un bon emploi.

Appliqués à la fabrication du gaz, les charbons des Asturies (Sama, Olloniego, Mières) donnent un rendement moyen de 18 à 20 mètres cubes de gaz et 55 à 60 pour 100 de coke[1]. Le gaz produit est de bonne qualité et doué d'un pouvoir éclairant suffisant pour qu'il ne soit pas nécessaire de l'enrichir par une addition de *cannel coal*.

Dans ces conditions, il est incontestable que les houilles des Asturies pourront être employées avec avantage à la fabrication du gaz dans les villes du littoral et de l'intérieur de l'Espagne, en concurrence avec les charbons anglais, aussitôt que l'ouverture de voies de communication rapides leur permettra d'arriver sur ces différents points dans des conditions de prix satisfaisantes.

---

1. Usine à gaz d'Oviedo.

III

Exploitations houillères du bassin des Asturies.

Principaux points d'exploitation. — Il existe actuellement dans le bassin central des Asturies deux centres d'exploitation principaux : à l'Est, ceux de Sama et de Laviana; à l'Ouest, celui de Mières. Au nord, sur la route d'Oviedo, à la limite du terrain carbonifère, on exploite également quelques couches aux environs d'Olloniégo. Les autres parties du bassin, privées jusqu'à ce jour de moyens faciles de communication, n'offrent que quelques exploitations isolées et de peu d'importance.

Le groupe principal est celui de Sama de Langreo qui comprend les mines ouvertes dans les vallées du Candin, du Paramaraibo, du Nalon, et fournit actuellement 2 à 300 000 tonnes annuelles, tant à la consommation locale qu'à l'exportation. C'est à l'existence du chemin de fer de Gijon à Langreo, dont la construction remonte à l'année 1854, que l'on doit le développement qu'a pris l'exploitation de la houille dans cette partie du bassin, moins bien favorisée cependant sous le rapport de la nature des produits que la région du sud-ouest, où, il faut l'espérer du moins, l'ouverture prochaine de la ligne de Gijon à la Pola de Lena produira les mêmes heureux résultats. Mais en attendant que la mise en exploitation de la ligne ferrée qui doit desservir la vallée du Caudal et les vallées transversales vienne donner à l'industrie minière de cette région une impulsion nouvelle, les produits des mines environnantes n'ont d'autres débouchés que les hauts fourneaux de Mières et le marché de la ville d'Oviedo, où l'usine à gaz et quelques fonderies s'alimentent en partie de leurs charbons.

Si le nombre des mines ouvertes dans ces diverses localités est assez considérable pour qu'il soit difficile de l'apprécier à première vue, il n'en est pas de même de celui des exploitations de quelque importance dont le nombre est encore aujourd'hui fort restreint. Dans les vallées du Candin et du Nalon, on ne compte guère plus de cinq à six entreprises minières vraiment dignes de ce nom; encore la moitié d'entre elles n'ont-elles qu'une importance relative bien faible, si on la compare aux exploitations de nos bassins houillers.

En comparant, en effet, au nombre de ces exploitations le chiffre de la production donné plus haut, on voit que la moyenne maxima pour chacune d'elles serait d'environ 50 000 tonnes. Hâtons-nous de dire que s'il y en a une ou deux qui la dépassent, les autres sont loin de l'atteindre. Et cependant, sans tenir compte du contingent que viendraient offrir encore à la production les nombreuses concessions de moindre importance, dont j'ai signalé l'existence, il n'y a nul doute que chacune des grandes entreprises minières du bassin de Sama ne puisse facilement obtenir une production de 100 à 150 000 tonnes annuelles. Ce résultat se déduit naturellement de l'étendue de leurs concessions qui atteignent en moyenne 1 000 à 1 500 hectares et pourraient facilement recevoir chacune un millier d'ouvriers. J'expliquerai plus loin les causes auxquelles il faut attribuer cette situation qui semble au premier abord anormale, en ce qui concerne le bassin de Sama. Pour le moment, je vais en quelques mots décrire ses procédés d'exploitation et résumer les principaux faits qui s'y rattachent.

Exploitation proprement dite. — Avantages et inconvénients. — L'exploitation de la houille dans les Asturies rencontre dans l'allure même des gisements certaines circonstances favorables dont on peut tirer un parti avantageux, au point de vue de l'économie d'installation et de la simplicité des procédés d'exploitation. Grâce à la forte inclinaison de la stratification, à la nature accidentée du sol qui présente une succession de vallées profondes, séparées par des massifs montagneux de plusieurs centaines de mètres de hauteur, l'épuisement de la partie située au-dessus du niveau des vallées offrira pendant longtemps un vaste champ d'exploitation. Dans ces conditions, l'extraction ne présente aucunes difficultés sérieuses, l'exploitation se faisant par simples galeries débouchant à flanc de coteau, et les produits arrivant au jour sans le secours de puits ni de machines d'extraction. Par le même fait se trouvent supprimées les pompes d'épuisement d'une installation souvent si coûteuse; ici, l'eau d'infiltration, qui pénètre dans les travaux en suivant les plans de stratification ou les délits des couches, s'écoule naturellement par les galeries de roulage, auxquelles il suffit de donner une pente régulière vers l'ouverture en ménageant une rigole sur le côté. A l'entrée et à la sortie des ouvriers, on économisera la perte de temps qui résulte habituellement de la manœuvre des cages, ou de l'emploi des échelles dans les puits de service : en résumé, il y aura, d'une part, simplification dans le travail de l'extraction et, d'autre part, économie considérable dans les frais d'installation, par la suppression des puits et de tout le matériel qui les dessert habituellement.

L'absence presque complète de grisou dans les couches de houille des Asturies permet également d'employer dans le travail souterrain les lampes ordinaires, et exempte les exploitants des précautions auxquelles ils doivent se soumettre dans les mines où la production du gaz est une cause permanente de dangers auxquels on ne saurait se soustraire que par une surveillance constante.

M. Ed. Cifuentes, ingénieur en chef des mines de la province d'Oviedo, pense que les perturbations qui ont affecté le sol des Asturies et donné aux couches de houille la position presque verticale qu'elles occupent actuellement ne seraient pas étrangères à l'absence du grisou dans les mines de ce bassin. Les couches de houille en venant affleurer sous un angle de 60 à 70° auraient ainsi offert une issue facile aux gaz de l'intérieur, qui, s'échappant au fur et à mesure de leur formation, ne peuvent s'accumuler en quantités suffisantes pour présenter un danger sérieux. Cette situation se maintiendra-t-elle lorsque l'on descendra au-dessous du sol ? C'est ce que l'expérience seule apprendra; mais l'époque en est encore probablement bien éloignée, et de longues années peuvent s'écouler, avant que les exploitants des Asturies aient à se préoccuper des dangers que pourrait occasionner la présence, dans leurs travaux, de cet agent, au compte duquel il faut malheureusement porter chaque année quelques terribles catastrophes.

A côté de ces avantages, il existe aussi quelques inconvénients.

Le premier de tous, celui dont l'importance influe le plus sur le développement de l'exploitation des mines en Asturies, c'est la rareté de la main-d'œuvre. Dans l'état actuel, le nombre des ouvriers mineurs est déjà insuffisant, et la plupart des exploitants éprouvent de la difficulté à réunir le personnel nécessaire à leurs travaux. La division de la propriété et la fertilité du sol éloignent sans doute du travail souterrain la population, d'ailleurs peu dense, de la contrée. Pendant les saisons des récoltes les bras manquent aux travaux de la campagne, qui réclament le concours des ouvriers employés dans les mines. Le bas prix de la main-d'œuvre exerce également son influence sur cette situation. Il est évident qu'un ouvrier qui ne gagne que 2 francs à $2^f,50$ par jour, pour travailler pendant huit ou dix heures dans l'intérieur d'une taille ou d'une galerie, profitera de la première occasion qui se présentera à lui de gagner le même salaire aux travaux de la campagne, pour abandonner momentanément la mine. Il le fera d'autant plus facilement que la rareté de la main-d'œuvre empêche à ce moment l'exploitant de le remplacer immédiatement et le force, pour ainsi dire, à le reprendre, lorsque, la récolte achevée, il vient de nouveau se présenter au chantier. Beaucoup d'ouvriers possèdent, d'ailleurs, eux-mêmes quelque coin de terre qui nécessite leurs soins à certaines époques de l'année; on peut même dire qu'un grand nombre d'entre eux ne travaillent dans les mines que lorsqu'ils n'ont pas de travail aux champs. Le manque de soins et d'activité dans le travail souterrain sont les conséquences nécessaires de cette situation particulière. Ajoutons à cela que ces mêmes ouvriers sont quelquefois obligés de faire une ou deux lieues à pied le matin, au travers des montagnes, pour se rendre au chantier, autant le soir pour rentrer chez eux, qu'ils sont mal logés, mal nourris, et l'on ne s'étonnera pas de voir le travail se ressentir des mauvaises conditions économiques dans lesquelles se trouve le travailleur.

Il est de fait que le rendement de l'ouvrier mineur en Asturies est relativement faible et qu'il y aurait lieu d'étudier les moyens à employer pour l'élever graduellement. Je reviendrai plus loin sur ce point capital en traitant du développement possible de l'exploitation houillère dans cette contrée. Pour le moment, je me contenterai d'appeler l'attention sur les difficultés présentes qui résultent, pour l'exploitant, de cet état de choses, difficultés auxquelles il faut encore ajouter celles qui sont la conséquence naturelle de l'allure irrégulière des couches en direction. Exposé sans cesse à voir varier l'épaisseur de la couche poursuivie, à la voir même disparaître complétement dans une étreinte, il lui faut nécessairement tenir constamment en réserve un certain nombre de chantiers qui lui permettent de faire face aux accidents imprévus qui pourraient venir momentanément interrompre la production des couches en exploitation. Si l'on considère que de pareils accidents se répètent fréquemment, quelquefois tous les 2 ou 300 mètres, on comprendra qu'il en résulte une sujétion excessivement coûteuse. La préparation et l'entretien des chantiers de réserve, les frais supplémentaires qui résultent de l'abandon d'une taille en exploitation et de la reprise du travail sur un autre point de la mine, sont autant de dépenses qui viennent grever les frais d'exploitation ordinaires de la houille.

Il faut enfin prendre en considération la difficulté que rencontrent les exploitants à se procurer dans les environs les bois nécessaires au soutènement des tailles et des galeries. La plus grande partie des bois de mines employés dans le bassin de Sama provient de la côte des Asturies ou de la province de Galice. Ce sont des bois de pins, bien inférieurs certainement, en résistance et en durée, au châtaignier, que fournit la localité ; mais celui-ci ne se rencontre pas en assez grande abondance pour suffire aux besoins d'une exploitation de quelque importance.

Mode d'exploitation. — Couches fortement inclinées, dont l'angle à l'horizon varie de 60 à 70° en moyenne, présentant une épaisseur ordinaire de 0.50 à 1 mètre, toit et mur formés de grès houiller schisteux ou de schiste proprement dit, généralement délitables après une exposition plus ou moins prolongée à l'air atmosphérique, telles sont les conditions dans lesquelles se présente la houille du bassin central des Asturies.

L'exploitation se fait par étages superposés de 30 à 40 mètres de hauteur dans lesquels l'abatage a lieu par gradins renversés. Voici en général comment on procède.

Les couches venant dans la plupart des cas couper obliquement les vallées, dont l'axe forme avec leur direction un angle plus ou moins aigu, on commence par les recouper au moyen d'une galerie principale à travers banc menée perpendiculairement à leur direction ou à l'axe de la vallée. Au-dessus de cette première galerie ouverte à 10 ou 15 mètres plus haut que le niveau du thalweg, on en perce une seconde, puis une troisième et une quatrième s'il y a lieu, de manière à diviser le massif à exploiter en deux ou plusieurs étages superposés. Chaque couche recoupée par les galeries à travers banc est ensuite divisée par des galeries en direction en autant de tailles qu'il y a d'étages, formant ainsi une série de massifs de 30 à 40 mètres d'élévation. Les tailles sont à leur tour divisées en 12 ou 15 gradins mesurant chacun $2^m.50$ de hauteur. L'écartement des gradins dans le sens horizontal ne dépasse pas $2^m.50$ à 3 mètres, de telle sorte que la ligne d'abatage fait avec la verticale un angle de 45 à 50°.

L'avancement moyen par journée de travail est de $0^m,90$ à 1 mètre correspondant à la profondeur du havage qui varie nécessairement avec la nature de la houille exploitée. Il résulte de ces chiffres que le produit journalier d'un ouvrier piqueur à la veine, en supposant une couche moyenne de $0^m.60$, sera de $2.50 \times 0.60 \times 0.90 = 1^{mc}350$, correspondant à 20 hectolitres ou 1,750 kilogrammes. Ce rendement, qui suit nécessairement les mêmes variations que l'épaisseur des couches, peut s'élever jusqu'à 70 et 80 hectolitres dans quelques couches puissantes de 2 mètres à $2^m.50$, mais qu'il faut considérer plutôt comme des exceptions. En moyenne, le rendement par mètre carré de couche ne paraît par dépasser 9 à 10 hectolitres.

L'abatage se fait au pic ou à la poudre suivant la nature de la houille. Les produits de chaque taille sont versés par des cheminées dans les wagonnets qui desservent les voies de roulage et conduisent le charbon au jour; là, des plans inclinés établis à flanc de coteau descendent les wagonnets au niveau des cribles et des laveurs. Comme on le voit, il n'existe pas de puits intérieurs pour relier entre eux les divers étages qui ne communiquent que par l'intermédiaire des tailles et des plans inclinés extérieurs. Dans la plupart des exploitations, les galeries qui desservent souvent un grand nombre de tailles n'ont cependant qu'une faible section, juste suffisante pour le passage des wagonnets dont le service est fait par des ouvriers rouleurs.

S'il en résulte une certaine économie dans le percement des galeries à travers bancs, condition essentielle pour la plupart des exploitations de cette contrée qui ne possèdent qu'un capital relativement très-restreint, il ne faut pas se dissimuler que cette circonstance nuira considérablement au développement ultérieur de leur champ d'exploitation en s'opposant à l'organisation d'un service de transport plus actif et surtout plus économique. Seule parmi toutes les mines du bassin de Sama, la galerie principale de la Mosquitera, située à l'extrémité de la vallée du Candin, a reçu des dimensions qui permettent d'employer des chevaux au roulage intérieur, et il y a lieu de s'étonner de ne pas rencontrer la même disposition dans les autres exploitations. Nul doute qu'à un moment donné elles ne se trouvent obligées de transformer leurs galeries actuelles en galeries à grande section pour supprimer le roulage à la main qui deviendra fort coûteux lorsque les voies de roulage atteindront une certaine longueur; il eût mieux valu prévoir dès l'origine les besoins de l'avenir que de s'exposer ainsi à des transformations ultérieures qui ne laisseront pas que d'être fort dispendieuses.

Le matériel du roulage se compose de wagonnets en bois d'une contenance de 6 à 7 hectolitres circulant sur des voies de $0^m.50$ à $0^m.60$.

L'emploi des wagons en fer ne s'est pas encore répandu quels que soient les avantages qu'il pouvait présenter au point de vue de la durée. La manœuvre des plans inclinés qui reçoivent les wagonnets au sortir des galeries se fait automatiquement. Le poids des wagons pleins étant utilisé pour remonter les wagons vides; un frein placé sur le tambour permet de modérer la vitesse et de régler la descente.

Le rapide aperçu qui précède montre que le service complet de l'exploitation se fait sans l'intervention d'aucun moteur mécanique, les produits extraits tendant continuellement à descendre par leur propre poids; il en est de même pour l'épuisement des eaux qui s'écoulent naturellement par les galeries de transport auxquelles on donne une légère pente vers l'extérieur. Si on se souvient de la complète absence de grisou dans les houillères des Asturies, on comprendra qu'il n'y a pas non plus nécessité absolue d'avoir recours à l'emploi d'un moyen mécanique de ventilation pour assainir les tailles et les galeries de service.

Je dois faire observer cependant que le système de ventilation naturelle laisse souvent à désirer. Le courant s'établit de l'étage inférieur à l'étage supérieur en passant par les tailles. Lorsqu'il existe un plus grand nombre d'étages, les galeries de transport intermédiaires sont munies de portes qui s'opposent à la sortie de l'air et forcent le courant établi à traverser les étages supérieurs; mais si le nombre des tailles est un peu considérable, il se produit nécessairement de grandes irrégularités dans la distribution de l'air aux divers chantiers; l'emploi de la poudre vient encore souvent vicier l'air des galeries et des tailles et exigerait un renouvellement plus actif. Le seul exemple de ventilation artificielle se trouve dans la mine de la Mosquitera qui a établi, au second étage de son exploitation une cheminée d'appel alimentée par un foyer. Ce moyen très-simple, qui ne présente aucun danger, vu l'absence de gaz hydrocarbonés, pourrait être avantageusement employé dans la plupart des autres exploitations. Le travail, dans l'intérieur des tailles, y deviendrait certainement plus productif si l'on s'appliquait à placer le travailleur dans des conditions matérielles plus favorables.

Dans le plus grand nombre des cas, en effet, la circulation de l'air dans les tailles s'effectue mal; soumise à toutes les variations des conditions atmosphériques, elle manque de régularité. C'est surtout à l'extrémité des galeries en percement que l'absence d'une ventilation suffisante se fait particulièrement sentir. Le même inconvénient se reproduit lors du montage des tailles ; au lieu de découper à l'avance les massifs destinés à l'exploitation en prolongeant d'une quantité suffisante les galeries en direction et les réunissant par des cheminées ou galeries montantes qui assureraient la ventilation, on attaque directement la couche par la galerie inférieure que l'on prolonge au fur et à mesure du montage de la taille, de telle sorte que jusqu'au moment où l'on a atteint la galerie supérieure, le renouvellement de l'air dans l'intérieur des gradins se fait d'une manière tout à fait insuffisante. Il résulte encore de l'emploi de cette méthode un autre inconvénient. L'avance des galeries en direction sur les tailles est toujours très-faible ; s'il survient une étreinte ou tout autre accident qui vienne momentanément paralyser la production de la couche exploitée, le mineur se trouvant pris au dépourvu, est obligé d'ouvrir rapidement un nouveau chantier pour compenser l'abandon du premier. S'il avait eu la précaution de prolonger tout d'abord d'une quantité suffisante les galeries en direction, de les relier à une certaine distance par une cheminée et d'attaquer ensuite le massif ainsi découpé soit par une extrémité soit par l'autre, tous les inconvénients précédents auraient disparu. Certain de la continuité de la couche, de sa régularité sur l'espace qu'il vient ainsi de reconnaître, il n'aurait plus à craindre de se trouver subitement interrompu dans son travail et il pourrait avec certitude compter sur une production correspondant à l'importance du massif isolé. Il est vrai que cette méthode suppose un développement d'exploitation et une organisation souvent incompatibles avec les conditions de production restreinte de la plupart des mines en Asturies.

Le criblage de la houille et le lavage des menus s'effectuent à la sortie de la mine. Ici encore on remarque l'absence de tout moteur mécanique. Le lavage se fait à la main dans des caisses à piston du modèle ordinaire ; cette opération est généralement effectuée par des femmes dont le salaire peu élevé permet de la réaliser dans des conditions économiques. La substitution du lavage mécanique au lavage à la main[1] présenterait cependant l'avantage d'un rendement plus considérable et d'une réduction de dépense, circonstances qui tirent une grande importance de la proportion même du menu fourni par les exploitations des Asturies ; elle permettrait également de supprimer une partie du travail manuel et, à ce point de vue, elle se relie à l'ensemble des perfectionnements qu'il y aurait lieu d'étudier pour diminuer autant que possible

---

1. Le lavage mécanique est aujourd'hui appliqué dans les usines de la Felguera et de Mières.

dans l'exploitation des houillères de ce pays l'importance de la main-d'œuvre proprement dite; condition essentielle au développement de cette exploitation en raison du petit nombre de bras dont elle peut disposer actuellement. Je reviendrai plus tard sur cette question.

Organisation du travail. — Pour terminer cet exposé succinct de la situation de l'exploitation dans les Asturies, il convient de dire quelques mots de l'organisation générale du travail dans les houillères.

Le nombre des ouvriers occupés dans les exploitations des Asturies est proportionnellement le même que dans les autres bassins houillers; on peut dire qu'il est généralement égal à quatre fois celui des piqueurs à la veine employés à l'abatage de la houille. Or le rendement moyen d'un piqueur à la veine étant de 1t 1/2 à 2 tonnes par jour, on voit que pour une exploitation moyenne de 300 tonnes par jour, le nombre total des ouvriers serait de 6 à 800 environ.

La durée de la journée de travail est de 8 à 10 heures. Le travail de nuit n'existe pas, pour l'exploitation proprement dite. Il y aurait cependant tout avantage pour les exploitants à organiser un double service qui leur permit, par un travail continu, de doubler la production de leurs chantiers et de diminuer ainsi de moitié le nombre des tailles en exploitation et les nombreux frais d'entretien qui résultent du système actuellement adopté. Ils auraient à lutter, il est vrai, contre les coutumes depuis longtemps établies dans l'exploitation du pays, et c'est sans doute dans une raison de cette nature qu'il faut chercher l'explication d'un fait si contraire aux intérêts bien entendus de l'exploitation.

Quoi qu'il en soit, les heures de nuit sont exclusivement réservées à la réparation et à l'entretien des galeries et des voies de service.

L'abatage et l'extraction des produits au jour font généralement l'objet de contrats passés entre l'exploitant et un entrepreneur qui s'engage à lui livrer la houille extraite à un prix déterminé à l'avance. Dans les conditions actuelles, le prix moyen payé pour l'extraction du charbon tout venant est de 1 réal le quintal, ce qui équivaut à 5f,60 la tonne. Dans ce prix ne se trouvent pas compris les frais d'entretien des travaux et du matériel, les dépenses de criblage et de lavage, qui demeurent à la charge du propriétaire, et auxquels il faut ajouter encore les frais généraux et l'amortissement. Le plus souvent aussi, le propriétaire doit s'engager à fournir les bois employés dans les tailles et dont l'entrepreneur effectue seulement la pose. La fourniture des outils, de la poudre, de l'huile d'éclairage incombent à ce dernier.

Produits de l'exploitation. — J'ai dit plus haut que le charbon des Asturies était de nature grasse, léger et friable; aussi la proportion de menu fournie par l'exploitation est-elle généralement assez forte. Les couches les plus dures donnent 70 à 75 pour 100 de charbon criblé (gros et gaillettes), mais le plus grand nombre produit à l'abatage 50 à 60 pour 100 de menu, et dans quelques couches très-friables des environs de Mières, la proportion s'élève même à 85 et 90 pour 100[1].

En général, il faut admettre comme moyenne un rendement de 50 à 60 pour 100 seulement en charbon criblé. Or, l'utilisation de ces 40 ou 50 pour 100 de menu ne laisse pas que de présenter certaines difficultés dans un pays où l'industrie métallurgique compte encore fort peu de centres importants. Certaines exploitations se trouvent ainsi entravées dans leur développement par l'impossibilité d'écouler, au fur et à mesure de leur production, les quantités considérables de menus qui encombrent les abords de leurs mines. En attendant que la création de nouvelles usines métallurgiques permette de compter sur une consommation locale plus considérable, il serait de l'intérêt des exploitants de construire des fours à coke pour utiliser immédiatement leurs menus; le coke obtenu, étant de bonne qualité, pourrait alors s'exporter facilement. L'avantage qu'ils en retireraient serait considérable, car, aujourd'hui, le manque de concurrence pour l'achat des menus fait que leur valeur actuelle n'atteint pas le prix de revient moyen de la tonne sur le carreau de la mine. Aussi, dans les contrats passés avec les entrepreneurs, préfère-t-on quelquefois ne tenir compte que du charbon criblé, en augmentant proportionnellement le prix alloué, et n'attribuer aucune valeur au menu. De cette façon, l'entrepreneur a tout intérêt à en diminuer la proportion autant que cela lui est possible.

Prix de revient. — Le prix de revient varie nécessairement avec les conditions particulières de chaque exploitation, et il est impossible d'en fixer les bases d'une manière absolue. Il semble osciller toutefois, actuellement, entre les limites de 7 et 8 francs la tonne. J'ai dit précédemment que le prix de l'extraction par entreprise était en moyenne de 5^f,60 par tonne pour le charbon tout venant. En y ajoutant les frais supplémentaires qui restent à la charge de l'exploitant, on se rapproche sensiblement des chiffres précédents. Si, au contraire, le contrat est passé de telle sorte que l'on ne tienne compte à l'entrepreneur que du charbon criblé, celui-ci étant payé à raison de 1^{r}1/2 le quintal, soit 8^f,40 la tonne, le prix total de revient s'élèvera à 10 ou 11 francs.

Supposons enfin que l'exploitation se fasse directement; dans ce cas, une moyenne d'épaisseur de couche de 0^m,60, donnant un rendement de 20 à 25 hectolitres par journée de piqueur à la veine, on peut compter que le prix de revient se décomposera à peu près de la manière suivante :

---

[1]. Cette friabilité se retrouve d'ailleurs dans tous les charbons des bassins du nord-ouest de l'Espagne.

Main-d'œuvre pour travaux à l'intérieur et à l'extérieur............	4.50 à 5 fr.
Fournitures diverses de bois, poudre, huile d'éclairage, outils, etc...	1.50 à 2 fr.
Entretien, frais généraux, travaux préparatoires.................	1. » 1 fr.
	7. » à 8 fr.

Ce prix s'applique à l'ensemble des produits de l'exploitation, et si l'on remarque que l'extraction fournit environ 50 pour 100 de menu, dont la valeur actuelle ne dépasse pas 5 francs la tonne, le prix du charbon criblé ressortira, en moyenne comme précédemment, à 10 ou 11 francs sur le carreau de la mine.

Le détail ci-dessus montre l'influence exercée par la main-d'œuvre sur le prix total. Ce n'est pas que le taux des salaires soit par lui-même très-élevé; la journée de travail d'un piqueur ne dépasse pas 2^f,50 à 3 francs; les manœuvres se payent à raison de 2 francs, et les femmes et les enfants 1^f,50. C'est donc plutôt dans la nature même des couches exploitées qu'il faut chercher les raisons de ce prix de revient élevé. La grande inclinaison des couches s'oppose à une trop grande extension du front d'abatage, tandis que, d'autre part, la faible épaisseur entre le toit et le mur diminue d'autant le rendement par mètre carré de veine.

Dans ces conditions, le prix de la main-d'œuvre d'abatage et de boisage, aussi bien que les dépenses d'éclairage et les frais généraux de toute sorte se répartissent sur une production relativement restreinte. Dans les exploitations où un certain nombre de couches plus puissantes (telles que celles que j'ai signalées précédemment dans les vallées du Candin, de Turon et d'Aller) viendront compenser les inconvénients que présentent les couches de faible épaisseur, la moyenne du prix de revient pourra descendre certainement au-dessous des limites que je viens de fixer. Mais ces couches de 2 et 3 mètres sont des exceptions, ne l'oublions pas, et si l'on peut encore compter en assez grand nombre celles dont l'épaisseur est comprise entre 0^m,90 et 1 mètre, il ne faut pas perdre de vue que la moyenne générale des exploitations ne s'élèvera guère au-dessus de 0^m,60 à 0^m,70. Dans ces conditions, cependant, il y a encore possibilité d'arriver à augmenter un peu le rendement de l'ouvrier; j'ai déjà indiqué, en outre, quelques-unes des modifications principales que l'intérêt bien entendu de l'exploitation devrait engager les mineurs à réaliser, et je n'ai pas besoin, je crois, d'insister ici sur l'influence qu'elles pourront exercer sur le prix de revient, qui dans une exploitation bien organisée ne devrait pas certainement dépasser 6 à 7 francs par tonne. Telle est la limite à laquelle je crois possible d'arriver dans les conditions où se présentent les gisements houillers des Asturies, et tel est le but vers lequel doivent tendre les efforts constants des ingénieurs qui se trouveront à la tête de ces exploitations.

IV

Voies de communication. — Chemins de fer. — Port d'embarquement.

Considérations générales. — L'exploitation d'un bassin houiller est nécessairement subordonnée à la facilité d'écoulement des produits. Si l'industrie locale n'offre pas un développement suffisant pour absorber la production totale, il faut qu'une partie des houilles extraites, quelquefois même la presque totalité, aille chercher un débouché plus certain sur le marché étranger. De là, la nécessité de moyens de communication et de transport assez perfectionnés pour que les frais qui résulteront du parcours que l'on fera subir à la houille n'en augmentent pas le prix au delà de la valeur qui lui est attribuée sur le marché auquel elle doit se rendre.

Comme la plupart des autres centres de production houillère ou minérale de l'Espagne, le bassin carbonifère des Asturies n'a malheureusement pas été jusqu'ici favorisé sous ce rapport; aussi, malgré sa richesse incontestable, malgré sa situation exceptionnelle à proximité du littoral, au milieu d'une contrée essentiellement métallifère et destinée par la multiplicité de ses ressources à devenir un jour un centre métallurgique d'une grande importance, le bassin en question est-il resté jusqu'ici bien au dessous du rôle qu'il est appelé à jouer dans la production générale des houillères du continent européen.

Depuis une vingtaine d'années un chemin de fer de 35 kilomètres dessert la partie du bassin plus particulièrement connue sous le nom de bassin de Sama. Sa construction a permis à quelques exploitations de se développer et de prospérer dans les vallées du Candin et du Nalon, qui occupent la partie septentrionale du bassin. Toutefois, encore aujourd'hui, leur production ne paraît pas être en rapport (pour la plupart d'entre elles du moins) avec l'importance des concessions qu'elles réunissent. Dans les autres centres, à Laviana, à Mières, l'exploitation réduite à la consommation locale n'a pris jusqu'ici qu'un développement excessivement restreint.

Un examen plus complet de la situation des communications permettra de mieux apprécier l'état actuel de la question et les modifications qu'un avenir plus ou moins prochain ne peut manquer d'y apporter.

Le bassin central des Asturies se trouve actuellement relié à la mer par le chemin de fer de Sama à Gijon; il communique avec l'intérieur de l'Espagne par la route d'Oviedo à Léon, qui se relie à Busdongo sur le versant méridional de la chaîne cantabrique au réseau des chemins de fer du Nord-Ouest. Le prolongement de cette dernière ligne sur Oviedo et Gijon, actuellement en construction, sera prochainement ouvert à la circulation pour la partie comprise entre Gijon et Pola de Lena ; la réunion des deux tronçons exigeant l'ouverture d'un tunnel pour traverser le col de Pajares ne s'effectuera pas sans doute avant quelques années.

Chemin de fer de Sama à Gijon. — Le chemin de fer de Sama de Langreo à Gijon, construit en 1854, fut établi en vue de l'exploitation des mines de cette partie du bassin. Sa longueur est de 39 kilomètres 1/2 seulement, sur lesquels on rencontre deux tunnels, l'un de 167 mètres, l'autre de 874 mètres de longueur.

Contrairement aux autres chemins de fer espagnols, le chemin de Sama à Gijon possède une voie de $1^m,50$; mais sa particularité la plus intéressante consiste dans le plan incliné qui le divise en deux parties entre les kilomètres 15 et 16 à peu près à moitié de sa longueur. La construction de ce plan incliné a eu pour but d'éviter un long détour de 8 ou 9 kilomètres qu'il eût été nécessaire de faire pour descendre en pente douce jusqu'à Gijon à partir du sommet du plateau de Noreña. Cette disposition prise en vue de réaliser une économie sensible sur les frais de premier établissement grève considérablement les frais d'exploitation et aujourd'hui encore il y aurait intérêt pour la Compagnie à supprimer le plan incliné et à relier les deux tronçons de sa ligne par un nouveau tracé[1].

La longueur du plan incliné est de 754 mètres, sa pente de 125 millimètres par mètre. La voie est double sur toute sa longueur, tandis que le reste de la ligne ne possède qu'une simple voie. Deux machines fixes horizontales conjuguées de 75 chevaux chacune sont établies au haut du plan incliné pour le service des trains montants et descendants. Elles agissent par l'intermédiaire d'engrenages sur deux tambours de 4 mètres de diamètre, sur lesquels s'enroulent deux câbles ronds en fils de fer de 6 centimètres de diamètre. Ces câbles sont calculés pour une résistance de 100 tonnes ; mais la charge qui leur est affectée ne dépasse pas 75 tonnes. Des galets placés de distance en distance sur les traverses, entre les deux files de rails, leur servent de support et les maintiennent constamment dans l'axe de la voie.

Les deux machines alimentées par une chaudière de 150 chevaux fonctionnent à la vitesse moyenne de 60 tours par minute.

Pour les trains de marchandise le câble s'attache directement à l'un des wagons. Dans les trains de voyageurs, il convient de prévenir les accidents qui pourraient arriver par suite de la rupture inattendue du

---

[1]. Ce projet paraît devoir être prochainement mis à exécution.

câble; à cet effet, la jonction se fait par l'intermédiaire d'un wagon spécial muni d'un frein puissant qui agit sur les rails, en cas de rupture, au moyen de fortes mâchoires, et s'oppose ainsi au mouvement de descente.

Le matériel roulant du chemin de fer de Gijon et Sama comprend quatorze machines, dont 8 à quatre roues et 6 à six roues, quelques voitures à voyageurs, wagons à marchandise et environ 500 wagons à houille. Le poids des machines est de 20 et 22 tonnes; les wagons construits sur deux modèles différents pèsent 2 tonnes à vide et reçoivent une charge de 3 tonnes pour l'ancien type et de 5 tonnes pour le nouveau.

Un atelier de réparation est annexé à la gare de Gijon.

Le nombre des trains qui circulent actuellement sur la ligne est de 13 trains descendants et 14 trains montants. Le service est organisé de la manière suivante :

Une machine spéciale est appliquée à la formation des trains entre les stations de Sama et du Carbayn, faisant le service le long de la vallée du Candin, où se trouvent situées le plus grand nombre des mines en exploitation. Une seconde machine conduit ensuite le train jusqu'au haut du plan incliné, tandis qu'un autre train venu de Gijon s'arrête au bas de la pente. Les deux trains sont alors divisés chacun en trois sections, deux d'entre elles étant fixées aux extrémités des câbles, l'une à la partie supérieure, l'autre à la partie inférieure du plan incliné, de telle sorte que le passage complet des deux trains montant et descendant nécessite trois manœuvres successives; la durée moyenne de la descente et de l'ascension étant de cinq minutes, si on y ajoute le temps nécessaire à la division et à la formation des trains au départ et à l'arrivée, on voit que le seul passage du plan incliné nécessite une durée de 25 à 30 minutes par train.

En arrivant à la gare de Gijon, les wagons à houille sont conduits par une quatrième machine jusqu'au quai d'embarquement desservi par un embranchement spécial qui n'est que le prolongement de la ligne principale.

Il résulte de cette organisation que sur ce faible parcours de 39^k 1/2, il y a continuellement quatre machines en service.

L'examen des résultats de l'exploitation de la ligne pour l'année 1872 nous fournit quelques renseignements intéressants à signaler[1]. Le pre-

---

1. Il résulte du rapport présenté par le Conseil d'administration à l'Assemblée générale du 27 avril 1873, que les résultats de l'exploitation, pendant le cours de l'année 1872, ont été les suivants :

Le produit de l'exploitation, pendant l'année 1873, s'est élevé à 1 171 057^f,20,
représentant une recette kilométrique de.......................... 29 646^f.02^c
soit, par jour et kilomètre................................... 81^f.22^c
et un produit net, par jour et kilomètre, de...................... 39^f.83^c

mier c'est que l'importance de ce trafic tend à devenir la même dans les deux sens, quoique le principal élément sur lequel on ait fondé l'établissement du chemin fût le transport des houilles du bassin de Sama au port de Gijon. L'augmentation de la population et la construction de l'usine métallurgique de la Felguera ont eu pour effet de créer dans le

---

D'autre part, les dépenses d'exploitation se sont élevées, pour le même temps, à 596 801^f.95^c,
représentant une dépense kilométrique de.................................... 15 109^f.01^c
soit, par jour et kilomètre.. 41^f.39^c

On voit par ce résumé que les dépenses d'exploitation s'élèvent à 50.96 0/0 du produit brut; leur répartition peut se faire de la manière suivante :

Frais d'exploitation proprement dits.................... 44.57
Frais d'entretien....................................... 43.40
Frais généraux... 12.03

                                                       100.00

Le tableau suivant indique le mouvement comparatif du trafic, pendant les deux années consécutives de 1871 et 1872.

DÉSIGNATION.	1872.	1871.
Nombre total de tonnes transportées............	270.989^t.16	211.145^t.71
Produit brut du transport des marchandises......	1.042.742^f.63^c	850.079^f.53^e
Distance totale parcourue en kilomètres.........	6.851.430^k.62	5.481.888^k.91
Distance moyenne par tonne.....................	25^k.28	25^k.96
Produit par tonne..............................	3^f.85	4^f.05^e
Produit par tonne et kilomètre.................	0^f.152	0^f.155

Le service du matériel et de la traction a donné, de son côté, les résultats suivants :

Année 1872.

Moyenne des frais de réparations par machine en service......... 3 222^f.78^c
Consommation de combustible par kilomètre parcouru............ 18^k.777
Total des frais, applicables à chaque machine, par kilomètre parcouru :
   Réparation.................................... 0^f.266
   Combustible................................... 0.335
   Divers.. 0.169

                                                   0^f.77^c

Distance moyenne parcourue par chaque wagon................. 5,471^k.368

Nombre moyen de wagons remorqués :

Par train montant.. 24
Par train descendant.. 23
Frais de réparation par wagon................................. 156^f.40^c
Frais de réparation par kilomètre parcouru.................... 0^f.028
Consommation de graisse par wagon............................ 26^k.36
Consommation par wagon et kilomètre.......................... 0^k.0048
Coût du graissage par wagon.................................. 2^f.37^c
Coût du graissage par wagon et kilomètre..................... 0^f.003

sens inverse pour le transport des vins, des céréales, des minerais et des matériaux de construction, un trafic dont l'importance croît tous les jours.

Le second fait qui ressort du tableau des transports pour l'année 1872, c'est que l'exportation de la houille pour le bassin de Sama a atteint le chiffre de 103 120 tonnes, ce qui, en tenant compte de la consommation locale, nous permet d'estimer à 200 ou 250 000 tonnes la production totale du bassin actuellement exploité. La presque totalité des 100 000 tonnes amenées à Gijon sont embarquées pour être dirigées sur différents points de la côte.

Si l'on applique au produit brut du transport des marchandises, pendant l'année 1872, la proportion de 50.96 0/0, qui exprime le rapport des dépenses aux recettes pour l'ensemble de l'exploitation[1], on trouve que les frais correspondants ont été de 531 981^f,65 pour une quantité de 270 989^t,16 et une distance kilométrique parcourue de 6 854 430^k,62, ce qui porte le prix du transport de la tonne à 7^c,7 par kilomètre, prix fort élevé, si l'on considère qu'il s'applique à un trafic de 6 860 tonnes par kilomètre, presque entièrement représenté par des transports de houille ou de produits similaires. Les manœuvres du plan incliné et la complication qu'elles entraînent dans le service de la ligne ne sont certainement pas étrangères à cette situation qui exige l'application de tarifs élevés, peu en rapport avec la nature du trafic et les conditions ordinaires d'une exploitation houillère.

En effet, les marchandises de la première catégorie, telles que les houilles, minerais, fers, etc., sont taxées à raison de 50 centièmes de réal, soit 0^f,13 centimes par tonne et par kilomètre; les produits appartenant aux autres catégories du classement adopté payent 1 et 2 réaux, soit 0^f,26 centimes et 0^f,52 centimes.

Il en résulte que le seul trajet de Langreo à Gijon, qui ne comprend que 39 kilomètres et demi, grève le prix de revient de la houille de 5^f,10 centimes (soit environ 75 0/0 du prix d'extraction). Il faut bien dire également que pendant longtemps la Compagnie n'a possédé qu'un matériel de transport fort imparfait, au point de vue de l'économie des frais de traction. Les wagons à houille de l'ancien modèle, dont la charge ne dépassait pas 3 tonnes pour un poids brut de 2 000 kilos, donnaient pour rapport du poids mort au poids utile 66 0/0, tandis que pour les nouveaux, qui peuvent transporter 5 tonnes, le rapport s'abaisse à 40 0/0 et se rapproche ainsi des conditions habituellement adoptées.

Le faible poids des machines (20 à 22 tonnes) ne se trouve pas non plus en rapport avec les conditions d'établissement de la voie et les exigences d'un trafic qui acquiert de jour en jour une plus grande importance.

---

1. Voir la note précédente.

Port de Gijon. — J'ai dit plus haut qu'à partir de la gare de Gijon un prolongement de la ligne conduisait les wagons jusque sur le port. Le plan ci-joint (voir pl. 65) indique ce tracé. On voit que la ligne, après avoir longé une partie de la ville, s'engage sur la jetée occidentale du port, où sont établis actuellement trois drops de chargement, dont le dernier vient d'être récemment construit. L'extrémité seule de la jetée se trouvant en dedans de la limite des basses eaux, il s'ensuit que les deux premiers drops qui sont placés au delà ne peuvent recevoir que des navires de faible tonnage, pouvant venir s'échouer à marée basse, ou capables d'être chargés dans l'intervalle de deux marées. Aussi les deux appareils en question suffisaient-ils à peine à l'embarquement des 100 000 tonnes annuelles qui représentent la moyenne de l'exportation actuelle. La position du troisième drop, voisine de l'extrémité de la jetée, permettra d'en tirer meilleur parti et de doubler au moins le nombre de tonnes embarquées [1].

Mais là ne doit pas s'arrêter la production d'un bassin carbonifère présentant, ainsi que je l'ai dit précédemment, une surface de 16 lieues carrées, et, en présence de l'ouverture prochaine du chemin de fer de Pola de Lena à Gijon, il devient nécessaire de se préoccuper des moyens que l'on aura à sa disposition pour faire face aux exigences de l'avenir.

Or, il est facile de s'assurer, en jetant les yeux sur le plan ci-joint, que le port actuel de Gijon est loin de présenter les ressources nécessaires à cet égard. La presque totalité de l'unique bassin dont il se compose est située en dehors des limites de la basse mer et ne peut recevoir, par conséquent, que des navires d'un très-faible tirant d'eau. On pourrait, il est vrai, utiliser pour l'embarquement l'espace compris entre la jetée septentrionale et le brise-lame qui limite l'avant-port; une tentative de ce genre a déjà été faite par l'établissement d'un *warf* en charpente qui part de l'extrémité de la jetée et permet aux navires d'un plus fort tonnage de venir charger directement sans l'intermédiaire de chalands; le long de ce warf est établie une voie ferrée sur laquelle circule une grue à vapeur servant à effectuer le chargement et le déchargement. Mais l'avant-port, comme le port lui-même, n'offre sur la plus grande partie de sa surface qu'un tirant d'eau fort insignifiant, et ce n'est qu'à l'extrémité de la jetée que l'on pourrait établir un second warf en regard du pre-

---

[1]. Le nombre de wagons que l'on peut décharger à l'aide de chacun de ces appareils, étant de 12 par heure en moyenne, sera pour une journée de dix heures de 120, qui, à raison de 5 tonnes chacun, représenteront un total de 600 tonnes par jour, soit 200 000 tonnes par année. On voit donc que, même en tenant compte des pertes de temps occasionnées par les manœuvres des trains, des journées perdues pour cause de mauvais temps, ce n'est pas trop présumer que d'estimer à 200 000 tonnes environ la quantité de houille que pourra embarquer la Compagnie du chemin de fer de Gijon à Langreo, à l'aide de ses trois appareils.

mier; indépendamment des inconvénients qu'il y aurait à masquer ainsi partiellement l'entrée de l'avant-port, à faire faire aux wagons du chemin de fer le long circuit qui devrait les amener jusqu'à l'extrémité de la jetée; à établir enfin une voie de communication donnant lieu à une circulation active, sur un quai de peu de largeur continuellement encombré par les chargements de bois de mine et de minerais, il faut encore remarquer que le nouveau warf, comme le premier d'ailleurs, ne serait accessible que par les temps de calme.

En dépit de la jetée qui le protége, au Nord, contre l'action directe des vents de mer, l'avant-port est loin de présenter aux navires un abri sûr contre le mauvais temps.

Pas plus que les autres ports de la côte cantabrique, celui de Gijon ne peut servir de port de refuge aux navires d'un fort tonnage que la tempête surprend dans ces parages. Son insuffisance, au double point de vue des moyens d'embarquement et de la sécurité d'ancrage, la nécessité pour le développement de l'industrie minière et métallurgique de la contrée de trouver dans un port voisin la facilité d'écouler leurs produits, l'intérêt du commerce maritime, en général, qui réclame l'établissement, sur la côte d'Espagne, d'un port de refuge capable d'offrir un abri assuré en cas de mauvais temps, ont nécessairement appelé depuis longtemps l'attention du gouvernement espagnol sur l'opportunité de modifier cette situation.

Or, on remarquera sur la carte générale du bassin carbonifère des Asturies (pl. 64), ci-annexée, qu'il existe précisément sur la côte, entre Gijon et Avilès, une presqu'île assez étendue dont la base forme la partie orientale du golfe de Gijon. En cet endroit le rivage, qui, aux environs de Gijon, est formé d'une plage sablonneuse descendant en pente douce jusqu'au niveau de la basse mer, se relève subitement; la paroi abrupte plongeant perpendiculairement dans la mer, qui vient en baigner le pied, forme un abri naturel contre les vents du nord-ouest, et la profondeur des eaux sur cette côte rocheuse peut en permettre l'accès aux bâtiments du plus fort tonnage. C'est au fond de ce golfe, à la base du promontoire qui se termine par le *cap de Torres*, que se trouve le point choisi pour l'établissement du nouveau port dit *port du Musel*.

La figure 1 de la planche 65 montre la position qu'il doit occuper, par rapport au golfe de Gijon, et la figure 2 indique le plan des principaux travaux projetés.

Ainsi qu'on le voit par l'inspection du dessin, le nouveau port doit se composer de deux jetées perpendiculaires l'une à l'autre, laissant entre leurs extrémités un passage libre de 100 mètres, pour l'entrée des navires.

Une troisième jetée ferme l'avant-port du côté du Nord, en décrivant au-dessus des deux premières un immense arc de cercle de 284 mètres de rayon. Son extrémité s'avance de manière à protéger l'entrée du port tout en laissant en dehors de la jetée de l'Est une espace libre de 200 mètres.

A l'intérieur, trois bassins de 150 mètres de long sur 60 mètres de large sont destinés à recevoir les navires en chargement et en déchargement; l'espace compris entre ces bassins et la jetée de l'Est est réservé pour la construction des formes de carénage.

Les dépenses relatives à l'ensemble de ces travaux sont estimées à 45 419 999^m,14 centimes, soit 11 972 711^f.75 centimes, d'après les devis approuvés par le gouvernement.

Il est facile de se rendre compte maintenant des avantages que présentera le nouveau port.

Préservé contre les vents du nord et du nord-ouest par les falaises du cap de Torres et la jetée du Nord, il offrira un refuge aussi sûr que possible aux navires qui, pendant la tempête, pourront venir jeter l'ancre dans l'avant-port et y attendre sans danger le retour du beau temps pour reprendre leur course interrompue. Le fond, à marée basse, se trouvant encore à 6 mètres dans les parties les moins profondes, on voit que le tirant d'eau sera suffisant pour en permettre l'accès aux navires de fort tonnage. Dans les bassins du port intérieur la profondeur minima est de 4^m,60, aux plus basses eaux; en cas d'échouage, la nature du fond, essentiellement composé de sable, écarte d'ailleurs tout danger d'avaries, d'autant plus que la quantité d'eau restant sera toujours suffisante pour maintenir les navires à flot.

En tenant compte de la surface totale du port et de l'avant-port, estimée à 300 000 mètres carrés, on voit que le nombre des bâtiments qui pourront venir s'y abriter sera considérable. Quelle que soit l'activité de la navigation dans le golfe de Gascogne et sur la côte cantabrique, il est peu probable que d'ici à longtemps la nécessité d'agrandir ce port se fasse sentir. Chaque bassin ayant une longueur de 150 mètres pourra contenir au moins 6 navires en chargement, soit un total de 18 pour les trois bassins. En supposant une moyenne de chargement de 500 tonnes par jour et par navire, on pourrait embarquer ainsi par année plus de 3 000 000 de tonnes de houille. Sans prétendre qu'il faille espérer un pareil résultat de l'exploitation du bassin des Asturies, on voit qu'en tous cas le nouveau port sera plus que suffisant pour répondre aux besoins créés par le développement que le commerce des charbons est destiné à prendre dans cette contrée, aussitôt que les voies de communication et les moyens d'embarquement pourront assurer l'écoulement des produits exploités et favoriser l'extension de l'exploitation.

Toutefois, l'achèvement d'un ensemble de travaux d'une aussi grande importance ne laissera pas que d'exiger un nombre d'années assez considérable. Quoique la date de la concession remonte déjà à plusieurs années, les travaux sont à peine commencés, et il paraît peu probable qu'ils puissent être terminés avant huit ou dix ans. Comment s'effectuera, d'ici là, l'embarquement des produits de toute nature que le chemin de fer du Nord-Ouest amènera prochainement à Gijon, et particulièrement des houilles et des fers de la vallée du Caudal, qui constitueront la base principale de son trafic? C'est là une question de la plus haute importance dans laquelle la Compagnie du Nord-Ouest se trouve trop directement intéressée pour n'avoir pas cherché les moyens de la résoudre. Cette solution est d'autant plus nécessaire pour elle que, d'ici à plusieurs années, la section de Lena à Gijon, qui doit être la première ouverte à l'exploitation, ne pourra pas se trouver en communication directe avec le réseau des chemins de fer qui desservent l'intérieur de l'Espagne, et que pendant cette période, dont la durée paraît aujourd'hui difficile à apprécier, l'exportation des produits du bassin houiller constituera son principal trafic.

Aussi avait-elle d'abord songé à utiliser à son profit le port actuel de Gijon en construisant, à l'abri du brise-lame de l'avant-port un nouveau bassin, à l'ouest de la première jetée. La fig. 3, pl. 65, montre la disposition d'ensemble de ce projet, étudié par M. l'ingénieur D. Salustino Regueral. Il se composait, en principe, d'un quai longitudinal s'étendant de la gare du chemin de fer du nord-ouest jusqu'au port actuel; de ce quai s'avancent pependiculairement deux jetées, de plus de 200 mètres de longueur, divisant l'espace utilisé en deux bassins de 90 mètres de largeur. La position de la ligne des basses eaux, par rapport à l'extrémité de ces jetées, montre qu'elles auraient été abordables aux navires qui ne peuvent aujourd'hui s'aventurer dans l'ancien port. Ce projet avait, en outre, l'avantage de pouvoir être exécuté facilement dans une durée de deux à trois ans, ce qui eut permis, en le commençant immédiatement, de l'avoir terminé à l'époque de la mise en exploitation de la ligne. Il est vrai que les deux nouveaux bassins, dans la position qu'ils devaient occuper, n'eussent pas été suffisamment abrités pour permettre aux navires de venir y charger par tous les temps. Néanmoins, considéré au simple point de vue d'un service provisoire, le projet en question présentait des avantages incontestables, et il est à regretter, sans aucun doute, que la Compagnie ait renoncé à le mettre à exécution[1]. Il est probable que, pour le remplacer, elle établira au Musel quelques petites jetées provisoires aussitôt que la construction du brise-lame, qui doit terminer l'avant-port, sera suffisamment avancée pour abriter les navires qui viendront y aborder. Quoi qu'il en soit, l'établissement d'un système provisoire quelconque demandera certainement un an ou deux, pendant lesquels il faut encore, s'il s'agit du Musel, construire l'embranchement qui doit réunir ce port à la ligne du Nord-Ouest. D'ici là,

---

1. Ce projet a été repris, depuis, par d'autres personnes qui ont commencé la construction du mur de quai et le remblayage des terrains ainsi gagnés sur la mer. Toutefois, il ne paraît pas probable qu'il puisse être complétement exécuté, et tout se réduira peut-être à l'achèvement du quai commencé.

il paraît difficile de songer à organiser un service d'embarquement économique et régulier, et le trafic de la nouvelle ligne ne manquera pas de se ressentir pendant longtemps d'une situation aussi anormale.

Chemin de fer du Nord-Ouest. — Avant de quitter cette question, je dirai quelques mots de cette ligne dont l'ouverture, déjà plusieurs fois retardée, doit avoir lieu dans le courant de cette année.

La ligne de Pola de Lena à Gijon fait partie du réseau des chemins de fer du nord-ouest de l'Espagne, qui, partant de Palencia, sur la ligne du Nord, doivent traverser les Asturies et la Galice pour relier à la métropole et à l'intérieur de l'Espagne, d'une part, Oviedo et Gijon, de l'autre, le port de La Corogne. Comme celles du nord de l'Espagne, de Bilbao et de Santander, les lignes des Asturies et de la Galice ont à traverser, dans toute sa largeur, la chaîne cantabrique, et ce passage difficile exige l'exécution de travaux importants dont l'achèvement retardera probablement pendant longtemps encore la mise en exploitation complète du réseau projeté.

La première section de la ligne des Asturies s'arrête aujourd'hui à Busdongo, sur le versant méridional de la chaîne principale, à 4 kilomètres environ du sommet du col de Pajares qui sert de passage à la route de Léon à Oviedo, et qui se trouve situé à la cote de 1 363 mètres au-dessus du niveau de la mer[1]. De ce point, à la Pola de Lena, point de départ de la seconde section de la ligne, la longueur horizontale mesurée sur la carte est de 18 à 19 kilomètres; mais, quoiqu'il n'existe ainsi entre ces deux points qu'une distance de 4 à 5 lieues, les diligences qui font le service entre Busdongo et Oviedo mettent actuellement quatre à cinq heures de temps pour traverser le col et atteindre Pola de Lena, et cinq ou six heures pour faire le trajet en sens inverse de la Pola à Busdongo. Les mêmes difficultés se rencontrent encore pour la partie de la route située entre la Pola de Lena et Oviedo; le passage du *Padron*, au-dessus de Mières, et la montée d'*Olloniégo*, sur la rive droite du Nalon opposent des obstacles sérieux à l'établissement d'un service de transports rapides et économiques. Les *galères*, attelées de sept mules et les charrettes à deux roues, traînées par une paire de bœufs, sont les seuls véhicules qui circulent sur cette route; certains transports s'y font également à dos de mulets; mais l'on comprend qu'avec de semblables moyens, et en raison des difficultés que présente le profil très-accidenté de la route, il soit presque impossible de transporter aujourd'hui la houille des vallées d'Aller, de Turon et de Mières à Busdongo, pour la diriger de là, par voie ferrée, sur l'intérieur de l'Espagne; du côté d'Oviedo, la facilité n'est guère plus grande et le marché est si restreint qu'il n'y a pas lieu d'ailleurs de s'y arrêter.

1. *Carte générale de la province des Asturies*, de Guillermo Schulz.

Mais si le débouché du côté de l'intérieur de l'Espagne doit continuer à être fermé aussi longtemps que les travaux à exécuter pour le passage du col ne seront pas achevés, la mise en exploitation prochaine de la ligne entre [Pola de Lena et Gijon facilitera, tout au moins, du côté de la mer, l'écoulement des produits de cette partie du bassin, sous la réserve, toutefois, des considérations précédemment exposées, relativement à l'état du port d'embarquement.

La ligne construite à une seule voie à l'écartement normal de $1^m,67$ (voie espagnole) suit la vallée de la Lena et du Caudal, jusqu'au-dessus de Mières, où elle traverse cette rivière pour passer en tunnel sous la côte du Padron et gagner Oviedo par Olloniégo et la vallée du Nalon. Trois ponts sur la Lena, le Caudal et le Nalon, et le tunnel d'Olloniégo, composent les principaux ouvrages d'art. Le tracé primitif, quittant la vallée de la Lena, au droit de *Campomanes*, décrivait un long circuit dans les vallées de Nembra et d'Aller, pour revenir couper le Caudal à Ujo, après avoir parcouru ainsi la partie méridionale du bassin houiller. Dans le tracé définitif, on a cru devoir renoncer à ce long détour et suivre uniquement la rive gauche de la vallée, en longeant la route actuelle, depuis la Pola jusqu'à Mières.

Cette modification entraînait sans aucun doute des économies sérieuses dans les dépenses de construction de la voie, en évitant plusieurs traversées de rivières et en raccourcissant la longueur totale du tracé de plusieurs kilomètres. Mais il est une observation qui n'échappera à personne après avoir pris connaissance de la localité : c'est que le siège principal de l'exploitation houillère, dans la partie occidentale du bassin, se trouvera nécessairement sur la rive droite du Caudal où viennent déboucher les trois vallées d'Aller, de Turon et de San-Juan, vallées qui pénètrent au cœur du bassin et traversent un nombre considérable de couches de houille, dont on distingue les affleurements sur leurs flancs escarpés. Or il est à remarquer (et l'on peut facilement s'en rendre compte par la simple inspection de la carte géologique ci-jointe) que le tracé du chemin de fer passe précisément sur la rive opposée au moment d'entrer dans la partie riche du terrain carbonifère, pour revenir sur la rive droite en approchant de la limite septentrionale du bassin. Il s'ensuit que les exploitations des vallées transversales ainsi que les forges de Mières devront, pour se relier à la ligne principale, soit établir une voie auxiliaire sur la rive droite, soit construire à leurs frais, et aux points qui leur paraîtront les plus favorables, un ou plusieurs ponts sur le Caudal. Cette considération, qui pourrait avoir peu d'importance en certains cas, en acquiert une considérable dans le cas présent où il s'agit de la traversée d'un torrent dont la largeur ne descend pas au-dessous de 50 mètres, coulant au milieu d'une vallée large et profonde ; la nature du sol est telle, qu'à l'exception de quelques points où le lit du torrent passe sur la tranche de quelques bancs de grès dur qui traversent d'une rive à l'autre, la construction des piles et des culées présentera de grandes difficultés. La mise de fonds nécessaire à la construction de ces ponts fera certainement hésiter bien des exploitants, et deviendra par conséquent un obstacle sérieux pour le développement rapide de l'exploitation houillère sur la rive droite du Caudal et dans les vallées transversales.

La meilleure solution à adopter, pour éviter la répétition de travaux aussi coûteux, serait sans aucun doute l'établissement d'une voie ferrée sur la rive droite du Caudal, depuis l'embouchure du Rio Aller jusqu'à l'usine de Mières, avec des embranchements desservant les vallées d'Aller, de Turon et de Mières. La jonction de cette ligne avec celle du Nord-Ouest se ferait, soit en traversant le Caudal à Mières, soit en prolongeant la ligne jusqu'à l'entrée du tunnel du Padron. L'exécution de ce projet, qui, en raison du service spécial auquel il est destiné, comporte parfaitement l'emploi d'une voie à petite section, n'exigerait qu'une dépense relativement peu importante eu égard aux avantages incontestables que les exploitants pourraient en retirer. Il est donc à souhaiter que les diverses entreprises intéressées dans cette question unissent leurs efforts, et par un mutuel concours arrivent à créer cette voie de première utilité, que la Compagnie du Nord-Ouest aurait dû comprendre dans son tracé.

Une dernière question, sur laquelle je crois devoir appeler l'attention parce qu'elle ne paraît pas encore définitivement résolue, c'est celle du tarif applicable au transport de la houille. Le cahier des charges de la Compagnie du Nord-Ouest autorise cette Compagnie à prélever, conformément aux précédents établis en Espagne, une taxe de $0^r.50$ soit 43 centimes par tonne et par kilomètre. Nous avons vu que tel était encore le tarif appliqué actuellement par le chemin de Gijon à Langreo, et qu'à ces conditions le prix de revient de la houille du bassin de Sama, rendue au port de Gijon se trouvait grevé de $5^f.40$ par tonne. Quoique, sous certains rapports la qualité des houilles de la partie occidentale soit préférable à celle des houilles du bassin de Sama, et que par conséquent on soit en droit de compter sur une plus-value pour les premières sur le marché de Gijon, il faut remarquer cependant que la distance moyenne de ce port au bassin de Mières étant de 60 kilomètres (au lieu de 39), le prix du transport calculé sur le même taux serait de $7^f.80$ la tonne, ce qui représente une augmentation de $2^f.70$ dans le prix de revient à Gijon (en supposant que les frais d'exploitation soient les mêmes de part et d'autre)[1].

---

[1]. Il ne faut pas oublier, d'ailleurs, que la plupart des mines desservies par le chemin du Nord-Ouest, toutes celles du moins qui appartiennent à la rive droite du Caudal et de la Lena (et ce sont les plus importantes), ne se trouvent pas directement placées sur le parcours de la ligne. Il y aura donc à tenir compte, en outre, des frais de transport, de la mine à la station, frais qui pourront varier de 5 à 10 centimes par tonne et par kilomètre, suivant les moyens de transport adoptés. Pour pouvoir exploiter les mines situées dans les vallées

— 50 —

Mais si la Compagnie de Langreo peut trouver dans les difficultés spéciales de son exploitation des raisons suffisantes pour maintenir les prix actuels de son tarif, il est à présumer que le jour où elle supprimera son plan incliné elle comprendra qu'il est également de son intérêt d'abaisser son tarif proportionnellement à la diminution des frais d'exploitation qui sera la conséquence immédiate du changement apporté à son tracé primitif; les mêmes raisons n'existent pas d'ailleurs pour la Compagnie du Nord-Ouest qui, traversant dans toute sa longueur le bassin houiller le plus important de l'Espagne, est appelée certainement à voir son trafic se développer d'une manière très-rapide. Dans ces conditions, ce serait méconnaître singulièrement ses intérêts que de maintenir un tarif aussi élevé sur une ligne dont les frais d'exploitation seront certainement de beaucoup inférieurs à ceux du Chemin de Langreo[1].

V

Mines métalliques. — Industries diverses.

Considérations générales. — Un rapide coup d'œil jeté sur les quelques établissements industriels du pays, en précisant la situation actuelle de l'industrie en Asturies, servira de complément à l'étude du bassin houiller et permettra de mieux apprécier ce qui reste à faire pour développer son exploitation.

Mais, auparavant, il convient d'examiner en quelques mots les diverses substances minérales que l'on rencontre, soit à l'intérieur même, soit sur les limites du bassin et qui servent de base à ces industries. Nous nous rendrons compte en même temps des ressources que l'on en peut tirer dans l'avenir.

---

d'Aller, de Turon, de San Juan, à 8 ou 10 kilomètres de distance, il sera nécessaire d'établir dans ces vallées des chemins de fer à petite section permettant d'arriver au minimum de dépense; mais ce transport, quelqu'économique qu'il soit, n'en grèvera pas moins le prix de la houille de 40 ou 50 centimes par tonne pour la plupart des exploitations.

1. En appliquant le tarif réduit de 8 centimes par tonne et par kilomètre, le prix de transport de la houille, pour une distance moyenne de 60 kilomètres, serait de 4^f,80, soit 5 francs en tenant compte des frais de chargement et de déchargement.

On ne saurait, à mon avis, faire supporter au transport de la houille des Asturies un prix plus élevé sans compromettre gravement l'avenir de son exportation.

J'ai dit plus haut que le prix de revient du charbon criblé au pied de la mine s'élevait au moins à .... 10^f »
En y ajoutant, pour frais de transport à la station................... 0.50
  Dito   dito   de la station au port et mise à bord............ 5 »

Le prix de la houille sur navires, à Gijon, ressortirait, au minimum, à....... 15^f,50

Le bassin houiller, proprement dit, des Asturies n'est pas excessivement riche en produits minéraux, et ce fait n'a rien d'anormal : le terrain houiller, en général, offre rarement des gîtes métallifères importants ; seul le fer carbonaté lithoïde s'y présente quelquefois en couches alternant avec les lits de houille, et dans beaucoup de cas (le nord de la France, par exemple) il n'est même pas assez abondant pour alimenter des exploitations métallurgiques.

M. Paillette cite, aux environs de Casanueva, sur la rive droite de la Lena, et à Rinquintin, quelques couches de fer carbonaté des houillères[1] ; mais sur aucun point du bassin des Asturies on n'a encore rencontré ce minerai en quantité suffisante pour donner lieu à une exploitation régulière.

Par contre, on peut citer dans les couches du calcaire carbonifère quelques gisements de fer oxydé, de manganèse et de minéraux sulfurés (pyrites, galène, blende), ces derniers toutefois en petite quantité.

On trouve dans ce même calcaire, aux environs de Pola de Lena, de la stibine (antimoine sulfuré) ; enfin on remarque sur quelques points la présence de plusieurs couches de brèches et grès cinabrifères, plus intéressantes par l'étendue qu'elles occupent et la particularité qu'elles présentent que par l'importance qu'elles peuvent offrir au point de vue de l'exploitation.

Mais si la partie du terrain qui appartient à la période carbonifère ne paraît pas très-riche en produits métallifères, il n'en est pas de même des couches du terrain dévonien, où la présence du fer en particulier semble avoir joué un rôle important dans la constitution d'un grand nombre de ses assises. Là se rencontrent en abondance des grès siliceux fortement chargés d'oxyde de fer, représentant de véritables minerais en masse. Ces couches sont-elles le résultat de dépôts ferrugineux contemporains de la formation même du terrain encaissant, ou doivent-elles leur richesse métallique à des imprégnations ultérieures qui auraient pénétré les grès siliceux postérieurement à leur dépôt, comme cela a dû avoir lieu pour les couches cinabrifères et arsénicales de Pola de Lena et de Mières ? Il est difficile de le dire. La présence du fer dans les roches de la période dévonienne est d'ailleurs un fait constant dont la formation du *vieux grès rouge* est l'expression la plus générale. Peut-être les couches métallifères des Asturies ne sont-elles que le résultat de la même cause qui, agissant avec plus d'intensité, a produit au lieu des grès ferrugineux ordinaires de véritables oxydes de fer siliceux. Toujours est-il que l'étude comparée de ces gisements offrirait, au double point de vue de leurs applications industrielles et des causes probables qui ont présidé à leur formation, un intérêt particulier qui les recommande d'une manière spéciale à l'attention des géologues et des ingénieurs.

---

1. *Recherches sur quelques-unes des roches qui constituent la province des Asturies*, par Ad. Paillette. *Bulletin de la Société géologique*, séance du 19 mai 1848.

La plupart de ces gisements occupent des positions voisines du point de contact entre le terrain dévonien et le terrain carbonifère (Quiros, Mont Naranco), ce qui contribue à favoriser considérablement leur exploitation. D'autres, situés le long de la côte, ont attiré également l'attention des métallurgistes, grâce au voisinage de la mer qui offre à leurs produits un moyen de transport facile.

Il existe, enfin, au contact du granit et des terrains sédimentaires anciens, un certain nombre de gîtes métallifères que je me contente de citer pour mémoire, ces gisements se trouvant généralement dans le terrain silurien qui occupe la partie occidentale de la province.

J'ajouterai maintenant quelques mots sur les principaux minerais qui constituent les diverses sortes de gisements plus ou moins directement subordonnés au bassin houiller dont je me suis occupé dans ce qui précède.

Minerais de fer. — Sauf quelques rares exceptions, les minerais de fer que l'on rencontre, soit à l'intérieur, soit aux environs du bassin, appartiennent presque tous à la catégorie des oxydes. On y distingue principalement :

1° Les minerais siliceux, qui sont à proprement parler des *grès ferrugineux* généralement devoniens, dont quelques-uns sont assez riches en oxyde de fer pour présenter l'aspect de véritables hématites rouges compactes. Ces grès se rencontrent en couches d'épaisseur variable atteignant parfois plusieurs mètres, et en stratification concordante avec le terrain encaissant. A cette classe appartiennent presque tous les minerais du terrain dévonien qui entoure au nord et à l'ouest le terrain carbonifère; on y distingue particulièrement les minerais exploités aux environs de Luanco et de Gijon (Llumères, Careño), ceux de la montagne du Naranco au nord-ouest d'Oviedo, et enfin les couches puissantes de la vallée de Quiros qui alimentent uniquement les hauts fourneaux de cette localité.

Ces minerais dans lesquels la proportion de silice s'élève quelquefois jusqu'à 40 pour 100, présentent une teneur moyenne de 40 à 50 pour 100 de fer.

L'analyse des minerais de Llumères et Careño a donné les résultats suivants[1] :

Peroxyde de fer............................	56 à	79 0/0
Silice..	42 à	20
Eau et matières volatiles.................	2 à	1
	100	100

Plus avantageux, les minerais de Quiros qui ne renferment que 16

---

1. Extrait des renseignements publiés en 1866 par le directeur des forges et hauts fourneaux de *La Felguera*, en réponse aux questions posées par la Commission spéciale pour la révision des tarifs.

pour 100 de silice, contiennent jusqu'à 78 pour 100 d'oxyde de fer. Au Naranco, au contraire, la proportion de silice se maintient en moyenne à 25 pour 100, et le rendement en fer au haut fourneau ne s'élève guère au-dessus de 35 pour 100.

Tous ces minerais très-réfractaires sont généralement d'un traitement difficile et exigent l'emploi d'une très-forte proportion de castine. Les couches calcaires si abondantes, soit dans le terrain carbonifère, soit dans les terrains plus modernes qui les recouvrent, fournissent heureusement un excellent fondant.

2° Les *minerais à gangue calcaire,* qui se rencontrent en gisements isolés, sous forme de nodules ou de poches, dans les couches du calcaire carbonifère.

Tels sont ceux de la *Grandota* et de *Lagos,* à la limite septentrionale du bassin houiller. Dans ces minerais et plusieurs autres de même nature, actuellement exploités pour les hauts fourneaux de Mières, la proportion d'oxyde de fer varie de 30 à 75 pour 100 pour 50 à 10 pour 100 de carbonate de chaux. Le minerai de la Grandota, que l'on peut considérer comme un type moyen, contient :

Oxyde de fer...	69.40
Silice...	3.80
Alumine..	1.80
Chaux..	18. »
Soufre..	0.26
Oxyde de cuivre.....................................	0.14
Perte par calcination..............................	6.50
avec traces de manganèse et de phosphore.	
	99.90

Ces minerais, d'un traitement beaucoup plus facile que les précédents, ne forment que des gisements d'une importance restreinte. Aussi ne peuvent-ils suffire à alimenter seuls une fabrication courante.

3° Les *hématites rouges, compactes* ou *fibreuses,* analogues à celles plus connues de la province de Léon. Ces minerais forment quelques gisements indéterminés dans les régions qui avoisinent la ligne de faîte de la chaîne principale, à la limite méridionale du bassin houiller, et principalement dans le haut de la vallée d'Aller. Les difficultés de leur situation ont empêché jusqu'ici de mettre en exploitation ces gîtes encore peu connus, sur lesquels je ne possède pas de renseignements assez précis pour les consigner ici.

4° Les *limonites concrétionnées* ou *mamelonnées,* que l'on rencontre au col de l'Aramo et sur quelques points aux environs des vallées d'Aller et du Nalon.

En dehors des minerais de fer que je viens de citer, on rencontre dans le terrain carbonifère quelques sulfures métalliques, parmi lesquels il faut surtout citer la stibine et le cinabre, qui ont pénétré certaines couches calcaires et arénacées de la région occidentale.

Minerais d'antimoine. — La stibine à texture fine et légèrement fibreuse, sans apparence de cristallisation distincte, accompagne une couche de calcaire carbonifère, qui semble partir du *Carrocedo*, traverse la Lena au nord de Campomanès et vient affleurer de nouveau sur la rive gauche au-dessous de la Pola de Lena, où elle change sa direction première pour s'incliner au N. 40° E., participant ainsi au mouvement qui semble avoir infléchi dans cette direction toutes les couches de la partie méridionale du bassin houiller.

Cette couche calcaire, de 80 à 90 centimètres d'épaisseur à l'affleurement, comprise entre grès et schiste, est irrégulièrement traversée par des nodules ou amas de minerais diversement contournés.

Les reconnaissances faites jusqu'à ce jour sur ce gisement n'ont pas encore permis de s'assurer de sa richesse en profondeur, et, pour le moment, tous travaux d'exploitation sont suspendus.

Couches cinabrifères. — A quelque distance à l'ouest de cette couche antimonifère se rencontrent les premiers bancs de grès cinabrifères, qui, de *Castillo de Lena* jusqu'à *Val de Cuña*, se dirigent à peu près N.-S. Ces mêmes couches se retrouvent au nord de Mières, sur la rive droite du Caudal à la *Peña*, où elles affectent la direction générale de cette partie du terrain O. 40° S. à l'E. 40° N. Elles renferment sur ce point quelques traces de houille, souvent pénétrée elle-même par les sublimations cinabrifères. Une exploitation, assez ancienne déjà, a tiré parti de la présence de ce minéral dans les grès de la Peña pour établir une fabrique de mercure, dont je dirai quelques mots plus loin.

Forges et hauts fourneaux de la Felguera. — Le principal établissement métallurgique des Asturies est, sans contredit, celui de la *Felguera*, près Sama de Langreo. Placé directement sur le chemin de fer de Sama à Gijon, à proximité des exploitations houillères de la vallée du Candin, il se présente dans des conditions qui doivent nécessairement assurer sa prospérité.

Construit en 1857, il occupe aujourd'hui plus de 1,200 ouvriers et peut fournir annuellement 12,000 tonnes de fer.

Dès l'année 1866, on y comptait :

Deux hauts fourneaux;
Seize fours à puddler;
Six fours à réchauffer;
Six trains de laminoirs;
Deux marteaux-pilons de 2 tonnes 1/2;

Vingt-six machines à vapeur représentant une force totale de 500 chevaux ;
Trente-six fours à coke, système belge ;
Trente-six fours à coke, système Appolt ;
Un laveur à charbon, du système Meynier ;
Auxquels il fallait encore ajouter :
Un haut fourneau ;
Vingt-cinq fours à coke, système belge ;
Deux cubilots pour seconde fusion ;

composant le matériel d'une seconde usine, celle de Vega, voisine de la première, dont elle n'est séparée que par la voie du chemin de fer, et qui est exploitée par la même Compagnie.

Depuis cette époque quelques changements ont été apportés à la Felguera, qui compte aujourd'hui vingt-six fours à puddler et neuf fours à réchauffer. On y construit également un troisième haut fourneau, ce qui portera à quatre le nombre de ceux dont l'usine pourra disposer. La hauteur des premiers hauts fourneaux construits à la Felguera et à Vega est de 14 mètres ; le nouveau doit avoir $14^m,80$. Chacun d'eux est desservi par une machine soufflante de 60 chevaux ; leur production en fonte d'affinage est, en moyenne, de 20 à 25 tonnes par jour.

Pendant longtemps la fabrication consistait uniquement en fers en barres, fers profilés pour la construction et rails de mines. Aujourd'hui, grâce à l'installation d'un train de laminoir spécial, l'usine peut livrer des rails de chemins de fer. C'est, je crois, le premier établissement qui ait inauguré en Espagne cette fabrication, appelée à s'y développer.

L'usine de la Felguera emploie principalement, comme matière première, les minerais de Biscaye (*Somorrostro* et *Ollargan*), dont le rendement moyen au haut fourneau est de 46 pour 100 pour celui d'Ollargan et 55 pour 100 pour celui de Somorrostro ; ces minerais, dont le prix normal, rendu à bord, à Bilbao, était de 8 à 9 francs la tonne, revenaient vendus à l'usine au prix de 17 et 20 francs[1]. A côté de ces minerais, on fait usage également de minerais du pays, provenant des mines de Careña et de Llumères, aux environs de Gijon, mines qui appartiennent à la même Compagnie. Ces minerais, fortement siliceux, donnent en moyenne 40 à 50 pour 100 de fonte au haut fourneau ; mais les 18 à 20 pour 100 de silice qu'ils renferment rendent leur traitement difficile et coûteux ; il en est de même pour les minerais de Naranco, dont j'ai déjà indiqué précédemment le faible rendement[2].

---

1. Ces prix ont sensiblement augmenté dans ces derniers temps par suite de l'investissement de Bilbao, qui a momentanément interrompu l'exploitation des mines de fer des environs. Mais il est à supposer qu'après la pacification de cette contrée, le prix des minerais reviendra à son taux primitif, ou s'en rapprochera tout au moins sensiblement.

2. Voici, d'après la notice publiée en 1866 par l'administration de la Société des forges

Forges et hauts fourneaux de Mières. — Moins bien situées que celles de la Felguera, les forges de Mières del Camino ont éprouvé de la Felguera(a), quelques renseignements sur les prix de revient des divers produits fabriqués. Quoiqu'ils soient déjà de date ancienne, puisqu'ils remontent à plus de huit ans, ils ne sont pas cependant sans intérêt, et j'ai cru qu'il serait utile de les consigner ici.

Prix de revient de la tonne de fonte pendant l'année 1864.

	Haut-fourneau n° 1.	Haut-fourneau n° 2.
Minerais	36^f.05	36^f.62
Coke	33.28	27.85
Calcaire (fondant)	4.87	4.92
Houille pour le chauffage des chaudières, et le chauffage du vent	5.94	5.32
Main-d'œuvre	6.23	5.77
Préparation des minerais et de la castine	2.04	1.87
Réparation et entretien	2.94	2.26
Contributions, administration, direction et frais généraux	7.07	6.23
Total par tonne de fonte	98.42	90.84

Prix de revient du fer puddlé pendant la même année.

Fonte en lingots	120^f.95
Combustible	15.11
Minerais pour soles de four	3.45
Main-d'œuvre	17.21
Réparations et entretien	8.43
Contributions et frais généraux	4.81
Total par tonne de fer puddlé	169.96

Prix de revient du fer laminé pendant la même année.

Fer puddlé en barres	208^f. »
Combustible	15.51
Main-d'œuvre	16.13
Réparations et entretien	7.87
Contributions et frais généraux	5.94
Total par tonne de fer laminé	253.45

En ajoutant à ce dernier prix les frais provenant du service des intérêts et de l'amortissement, on obtient le résultat suivant :

Prix de revient de fabrication du fer laminé	253^f.45
Intérêts à 7 0/0 du capital de premier établissement, estimé à 14 535 323^r.49, soit par tonne de fer produit	40.47
Intérêts à 9 0/0 du fonds de roulement, estimé à 3 945 769^r.34, soit par tonne de fer produit	14.09
Amortissement du capital en quarante années	14.43
Prix de revient définitif de la tonne de fer laminé	322^f.44

Or, si le prix de la main-d'œuvre a quelque peu augmenté depuis cette époque, il faut observer que le prix des minerais et du charbon est resté sensiblement le même et que la

(a) *Altos hornos y fabrica de hierros de la Sociedad metalúrgica Duro y Compania* « la Felguera, » — *Contestacion al interogatorio hecho por la Comicion especial arancelaria.* — Madrid, 1866.

jusqu'ici de nombreuses vicissitudes. La prochaine ouverture de la ligne de Lena à Gijon modifiera sensiblement les conditions actuelles et leur permettra sans doute de développer leurs moyens d'action en facilitant l'écoulement de leurs produits et l'arrivée des matières premières.

L'absence complète d'ordre et de coordination, qui semble avoir présidé à leur construction, a exercé pendant longtemps une fâcheuse influence sur la marche de la fabrication, et le manque absolu de communications faciles et rapides a placé jusqu'ici ces établissements dans les plus mauvaises conditions économiques que l'on puisse imaginer pour une usine métallurgique. Les minerais, originaires en presque totalité de la contrée, ont à subir pour arriver à l'usine un transport long et coûteux, sur des routes accidentées, dans des charrettes traînées par des bœufs. A cela il faut ajouter que plusieurs d'entre eux sont extraits de gisements situés à d'assez grande hauteur, dont l'exploitation offre de véritables difficultés. Une grande partie provient de la montagne de Naranco, au nord-ouest d'Oviedo ; le trajet qu'ils ont à parcourir pour arriver à destination n'a pas moins de 25 ou 30 kilomètres ; la distance est encore plus grande pour les minerais venant de la côte ou de la Biscaye, dont le prix de revient, dans ces conditions, est tellement élevé qu'il annule les avantages que l'on pourrait retirer d'une composition moins réfractaire et d'un traitement plus facile. Enfin, le même trajet qu'ont à subir les matières premières, les produits fabriqués doivent le faire à leur tour ; c'est au fond des *galeras*, ou sur des charrettes traînées par des bœufs, quelquefois même à dos de mulet, que les barres de fer laminé quittent chaque jour l'usine pour se diriger sur Oviedo et Gijon ou gagner la province de Léon, en traversant le col de Pajares. Un isolement aussi complet, dans un pays où d'autres établissements rivaux jouissent de toutes les facilités que les progrès de la civilisation ont mis au service de l'industrie moderne, où les fabricants étrangers, de France, d'Angleterre et de Belgique, peuvent venir avec tant de facilité apporter sur le marché des produits similaires, crée nécessairement à l'usine de Mières une position aussi désastreuse qu'exceptionnelle, à laquelle il est temps que l'ouverture de voies de communications plus rapides vienne porter remède.

En attendant la construction d'un nouveau train de laminoir qui lui permettra de joindre à sa fabrication actuelle celle des rails de chemin de fer, l'usine de Mières comprend :

production, qui n'était alors que de 6 615 tonnes, atteint aujourd'hui près du double de ce chiffre. Les dépenses relatives aux frais d'administration et aux frais généraux de toute sorte se trouvant ainsi réparties sur une production double perdent considérablement de leur importance relative ; en résumé, si les résultats indiqués ci-dessus doivent être modifiés, il n'est pas probable qu'ils aient à subir cependant un grand changement, et la modification devrait peut-être avoir lieu plutôt dans le sens d'une réduction.

Deux hauts fourneaux, dont un de 10 et un de 20 tonnes;
Treize fours à puddler;
Trois fours à réchauffer;
Deux trains de laminoirs;
Quatre machines soufflantes;
Et deux cubilots pour seconde fusion.

Établissements divers. — Je ne citerai ici que pour mémoire les hauts fourneaux de Quiros alimentés par les gisements de fer oxydé dont j'ai déjà parlé plus haut. Ces hauts fourneaux situés au milieu d'un petit bassin carbonifère isolé se trouvent complétement indépendants de la région dont j'ai parlé jusqu'ici.

Il en est de même de la fonderie nationale de canons de Truvia, au sud-ouest d'Oviedo, alimentée aujourd'hui par les houilles et les fontes de Quiros, de l'usine d'*Avilès*, construite par la *Société royale asturienne* pour le traitement des minerais de zinc qui forment aux environs de cette ville quelques gisements importants; cette usine tire son combustible d'une mine de houille voisine, qui présente cette particularité d'être la seule de la contrée dans laquelle l'exploitation se fasse en profondeur, au moyen de puits d'extraction et de galeries qui suivent les couches jusque sous le niveau de la mer. Ce petit bassin, d'ailleurs enclavé dans le terrain devonien, est également complétement indépendant de celui que je viens de décrire.

Je signalerai encore, en passant, la fabrique d'armes d'Oviedo et la verrerie de Gijon, l'un des établissements industriels les plus importants de la contrée. La verrerie de Gijon, qui possède trois fours pour la fabrication du verre à vitre, de la gobeleterie et du verre à bouteille, consomme annuellement environ 7 à 8 000 tonnes de charbon pour une production correspondante de 2 000 à 2 500 tonnes de verre.

Mine de mercure et usine de la Pena. — Il me reste enfin à citer l'exploitation de la mine de mercure de la Peña, exploitation qui, bien que relativement peu importante, présente un intérêt tout particulier, en raison de la rareté des établissements similaires.

Le cinabre accompagné d'un peu de pyrite se trouve très-inégalement réparti dans la masse du grès qui lui sert de gangue, formant çà et là quelques centres de condensation plus riches que les parties environnantes. Néanmoins, la teneur moyenne du minerai, après en avoir séparé les parties stériles, ne s'élève pas à plus de 1/2 0/0 de mercure, teneur très-faible qui explique l'innocuité complète de l'habitation de la mine pour les ouvriers qui y travaillent, alors qu'à Almaden, où la teneur moyenne du minerai est de 10 à 12 0/0, les mineurs ne tardent pas à subir les funestes effets de l'action des vapeurs mercurielles.

L'exploitation, après avoir épuisé les affleurements des couches et toute la partie située au-dessus du niveau de la vallée, descend aujourd'hui à une profondeur de près de 100 mètres.

L'usine où s'effectue le traitement des minerais, placée à proximité de l'entrée de la mine, comprend quatre fours ayant chacun une série de sept chambres de condensation. Ces fours, de construction analogue à ceux d'Almaden, reçoivent une charge de 10 à 12 tonnes. Le minerai concassé et moulé en pains est introduit par la partie supérieure. Au bout de cinq jours de distillation, on recueille les poussières déposées au bas de chaque chambre pour les soumettre à des lavages méthodiques et séparer ainsi le mercure par lévigation. Le métal obtenu est immédiatement introduit dans les bouteilles en fer qui servent à son transport.

VI

De l'avenir du bassin houiller des Asturies.

Comme conclusion du travail qui précède, je me permettrai d'ajouter ici quelques considérations générales sur l'avenir probable de l'exploitation houillère en Asturie.

En 1868, la production totale des mines de houille de l'Espagne s'élevait à 529 057 tonnes, se répartissant comme suit entre les diverses provinces[1] :

Oviedo (bassin des Asturies).....................	358.235t,7
Palencia (bassin de Baruelo).....................	90.606.6
Cordoue (bassin de Belmez)......................	71.551.7
Léon (bassin de Sabero).........................	3.069.3
Gerone (bassin de Surroca)......................	2.833.»
Séville...	1.401.3
Burgos...	1.360.0
Total.....................................	529.057t,6

Cette production correspondait à une surface exploitée de 14 644 hectares, qui représente à peu près le dixième de la superficie totale des gisements houillers de l'Espagne, estimés à 140 ou 150 000 hectares.

Les 358 235 tonnes attribuées à la province d'Oviedo proviennent en majeure partie des exploitations de Sama et de Mières. On a vu plus haut que l'exportation par le port de Gijon s'élevait en moyenne à 100 000 tonnes annuelles, ce qui réduirait à 250 000 tonnes environ la consommation des industries locales.

Sur les 14 644 hectares exploités en 1868, la seule province d'Oviedo

---

1. *Estadistica minera.*

figure pour 11 426 hectares, soit 80 0/0 de l'ensemble. Cette grande étendue de concessions n'est pas en rapport avec le chiffre de 358 000 tonnes, qui figure au tableau ci-dessus, et la proportion qui en ressort ne saurait être prise pour base dans l'évaluation de la production future. Un grand nombre des concessions, situées en effet loin de toute voie de communication, n'ont point encore été exploitées jusqu'ici; celles, d'ailleurs, qui participent à la production sont loin d'avoir donné à leurs travaux d'exploitation le développement dont ils seraient susceptibles. Telle mine qui pourrait facilement extraire 100 000 tonnes par année se contente d'une production de 20 ou 25 000 tonnes; ajoutez encore à cela que cette mine fait probablement partie d'une concession dans laquelle on pourrait en ouvrir plusieurs autres sans gêner en rien l'exploitation; je pourrais citer telle concession de plus de 1 500 hectares qui ne produit actuellement que 45 à 50 000 tonnes par année.

Cette situation trouve son explication dans les conditions particulières où se trouve l'industrie minière de cette contrée. J'ai déjà exposé précédemment les principales difficultés contre lesquelles ont à lutter les exploitants, difficultés qui ont entravé jusqu'ici le développement de la production, et sur lesquelles je ne reviendrai que pour examiner rapidement les modifications qui me paraissent nécessaires pour en combattre la funeste influence.

La première de ces difficultés est l'insuffisance du personnel ouvrier. La main-d'œuvre est rare et le rendement du travailleur généralement très-faible, double condition qui doit nécessairement peser gravement sur une exploitation industrielle.

Le remède à une pareille situation consistera nécessairement, d'une part, à remplacer autant que possible le travail des bras par celui des bêtes de somme ou des machines, de l'autre, à étudier les moyens de tirer un meilleur parti des ouvriers dont on dispose. C'est dans cette double voie que devront s'engager, à l'avenir, les exploitants des Asturies.

La substitution des chevaux aux hommes pour le roulage intérieur est une des premières améliorations qui s'imposera dans une exploitation nouvelle. L'emploi des machines pour le forage des trous de mine dans le percement des galeries permettrait d'arriver à une plus grande rapidité d'exécution dans ce travail, qui nécessite généralement un personnel expérimenté et coûteux. Il serait à désirer que l'on pût introduire également dans l'exploitation de ces mines les *haveuses mécaniques* dont l'usage commence à se répandre dans certains bassins houillers. Jusqu'ici, il est vrai, ces appareils n'ont fonctionné avec quelque succès que dans les couches de faible inclinaison, mais il faut espérer que les perfectionnements apportés à leur construction permettront de les appliquer également aux couches fortement inclinées, telles que celles des Asturies.

Je ne reviendrai pas sur ce que j'ai dit précédemment de l'opportunité d'une meilleure ventilation des travaux; tout le monde comprendra, sans plus d'explications, les avantages que l'on pourrait en retirer au point de vue de la régularité et de la rapidité du travail. L'influence du milieu ambiant sur l'effet utile de l'ouvrier est un fait acquis, sur lequel il n'est pas besoin de m'étendre plus longtemps. Mais il ne suffira pas de placer cet ouvrier dans un chantier bien aéré, de lui épargner les fatigues d'une atmosphère étouffée pendant les quelques heures du jour qu'il devra passer dans la mine; il faut que par une nourriture saine et abondante il puisse convenablement réparer ses forces, il faut qu'en lui offrant à proximité de la mine un logement sain et confortable on l'attache à l'exploitation, et que, satisfait des efforts qui auront été faits pour améliorer sa situation, on puisse compter que son intérêt répondra de son zèle.

Je ne saurais donc trop recommander à tout exploitant de construire aux environs de la mine des maisons ouvrières en nombre suffisant pour loger la plus grande partie, si ce n'est la totalité de leur personnel, d'établir des cantines où leurs ouvriers puissent se procurer à bas prix les denrées nécessaires à leur alimentation quotidienne. Quand bien même son intérêt ne se trouverait pas directement engagé à introduire ces modifications, l'humanité lui ferait un devoir de songer à assurer, par tous les moyens qui sont en son pouvoir, le bien-être des ouvriers qu'il emploie.

L'amélioration de la situation de la classe ouvrière favorisera peu à peu l'immigration des habitants des provinces voisines, et si l'on tient compte des modifications que peut apporter dans l'organisation du travail l'introduction plus ou moins complète des machines on peut espérer de voir disparaître les inconvénients qui résultent aujourd'hui de la rareté de la main-d'œuvre.

Supposons ce résultat atteint; il restera la question des débouchés qui pèsera longtemps encore sur le développement de l'exploitation, aussi longtemps que la situation du port de Gijon ne se trouvera pas modifiée. J'ai dit plus haut que des travaux provisoires pourraient sans doute, dans un délai de deux ou trois ans, rendre accessible aux navires le nouveau port de Musel; si cette supposition se réalise, il est fort probable que les moyens d'embarquement dont on pourra disposer alors seront plus que suffisants pour écouler la production des nouvelles exploitations, auxquelles il faut nécessairement laisser le temps de s'organiser et de se développer. En tous cas, il est à supposer que d'ici à une dizaine d'années les travaux du port du Musel et le percement du tunnel de Pajarès seront complétement terminés.

A ce moment rien ne s'opposera plus à ce que l'exportation prenne toute l'extension dont elle est susceptible, et les charbons des Asturies pourront se répandre sur toute l'étendue du littoral où ils arriveront à des prix relativement peu élevés. Du côté de l'intérieur ils auront à lutter surtout contre les charbons du midi provenant des bassins de *Belmez* et d'*Espiel*, les seuls qui puissent sérieusement entrer en concurrence avec eux. De Belmez à Madrid la distance est de 483 kilomètres; celle de Madrid à Busdongo, étant de 467 kilomètres, si l'on y ajoute 20 kilomètres pour la partie inachevée de Busdongo au bassin houiller, on voit que la distance sera sensiblement égale de part et d'autre, mais que pour toutes les villes situées au Nord de Madrid l'avantage demeurera au profit des houilles des Asturies. Le bassin de Belmez a d'ailleurs l'inconvénient d'être situé à une grande distance de la côte. Le port le plus voisin est celui de Malaga distant de plus de 240 kilomètres, tandis que la distance de La Pola de Lena à Gijon n'est que de 64 kilomètres. Il en résulte une différence de 185 kilomètres dans les transports par terre, qui à raison de $0^f.08$ par tonne représente pour la houille de la province de Cordoue une augmentation de prix de $14^f 80$, qui compensera largement la différence du fret pour les ports de la Méditerranée; de telle sorte, que les houilles des Asturies pourront encore arriver avec avantage à Carthagène, à Alicante, à Valence et même à Barcelone[1]. Il n'y a pas lieu non plus de redouter la concurrence des bassins voisins, tels que ceux de Sabero et de Castille. Le premier, d'une étendue beaucoup moins considérable que celui des Asturies, est plus éloigné de la côte. Le second n'a fourni jusqu'ici que des houilles de qualité inférieure. Mais si la lutte paraît facile en ce qui concerne les charbons indigènes, il ne faut pas se dissimuler qu'il n'en sera pas de même vis-à-vis des houilles anglaises, qui auront toujours sur celles des Asturies le double avantage d'une qualité supérieure et d'un fret moins élevé. Il en résultera que les exploitants des Asturies, désireux de développer l'exportation de leur charbon, devront nécessairement toujours maintenir leur prix au-dessous de ceux des houilles de provenance étrangère.

Le principal débouché des houilles des Asturies, celui auquel les destine tout particulièrement leur nature, paraît être d'ailleurs la consommation locale.

L'industrie métallurgique est appelée à se développer promptement dans une contrée où l'on peut se procurer à bon marché un combustible de bonne qualité; si les minerais du pays ne satisfont pas toujours aux conditions d'un traitement facile et avantageux, il ne faut pas oublier que la province des Asturies est voisine de celles de Santander et de Bilbao, où abondent les minerais de fer d'excellente qualité. De son côté, la Galice paraît renfermer également de grandes richesses minérales encore inexploitées et souvent même inexplorées. En somme, la côte can-

---

1. Il faut, toutefois, observer que sur ce dernier point elles auront à soutenir la concurrence des charbons de la Catalogne, provenant du bassin houiller de *San-Juan-de-las Abadesas* ou du gisement de lignite de *Berga*.

tabrique tout entière offre sur une multitude de points d'excellents gîtes minéraux, dont les produits transportés par mer à Gijon arriveront encore dans de bonnes conditions au pied des hauts fourneaux.

Le prix de revient des minerais de Bilbao ou de Santander rendus à l'usine peut s'établir comme suit :

Prix d'achat (moyen) sur bateau, à Bilbao ou Santander............	13 fr.
Frêt de Bilbao ou Santander à Gijon......................	5 fr.
Transport de Gijon à l'usine en supposant une distance moyenne de 50 kilomètres...	4 fr.
Total......................................	22 fr.

D'autre part, le prix du coke en se basant sur la valeur actuelle des menus, résulterait du compte suivant :

Valeur de 2 220 kilos de menu non lavé, à 5 francs la tonne, rendus à l'usine	11.10
Perte au lavage 25 0/0.	
Reste 1 666 kilos de menu lavé produisant, à 60 0/0 de rendement, 1 000 kilos de coke.	
Frais de lavage de 2 220 kilos de menu à 1 franc la tonne..............	2.20
Frais de la fabrication de 1 000 kilos de coke, à raison de 3 francs........	3.00
Prix de revient de la tonne de coke...........................	16.38

En admettant un rendement moyen de 55 pour 0/0 au haut fourneau, qui est celui des minerais de Biscaye, le prix de revient de la fonte d'affinage ne devra pas dépasser 100 à 110 francs la tonne.

On voit donc que la situation se présente aussi favorablement que possible pour le développement de l'industrie métallurgique, et qu'il serait difficile de trouver sur d'autres points de l'Espagne une réunion de conditions aussi avantageuses.

Dans ces conditions, l'exploitation pourra se développer en pleine sécurité, et l'étendue qu'occupe le terrain houiller estimée à environ 25 000 hectares permettrait facilement une production de 2 000 000 de tonnes annuelles.

Sans prétendre qu'un tel résultat puisse être immédiatement obtenu, il n'y a rien d'exagéré à supposer que dans peu d'années la production atteindra au moins la moitié de ce chiffre, savoir :

Pour l'exportation par le port du Musel.............	300.000
Pour l'intérieur de l'Espagne....................	100.000
Pour la consommation locale....................	600.000
Total..................................	1.000.000

Si l'on se rappelle, en effet, que la consommation locale atteint actuellement déjà près de 250 000 tonnes, alors que l'un des deux seuls établissements métallurgiques du bassin (celui de Mières) ne produit pas plus du tiers de sa fabrication normale, on comprendra qu'il suffirait d'une amélioration dans la situation actuelle et de la construction d'un troisième établissement métallurgique pour atteindre bientôt le chiffre supposé de 600 000 tonnes. Ce résultat ne peut certainement tarder beaucoup.

Quoi qu'il en soit, un bassin houiller de près de 30 000 hectares de superficie, dans lequel la qualité de la houille ne laisse rien à désirer, situé à proximité de la mer et entouré de contrées métallifères, est nécessairement appelé à jouer un jour ou l'autre un rôle important dans la production industrielle. Pendant plus ou moins longtemps son développement peut être paralysé par des circonstances particulières, locales, ou générales; le manque de voies de communication, l'absence des capitaux nécessaires, la stagnation de l'industrie dans le pays auquel il appartient peuvent momentanément le condamner à une inertie plus ou moins complète; un jour viendra où ces obstacles disparaissant successivement, les éléments qu'il renferme trouveront une application immédiate; ce jour-là le bassin des Asturies prendra parmi les contrées houillères le rang que lui assignent naturellement son importance et la qualité de ses produits.

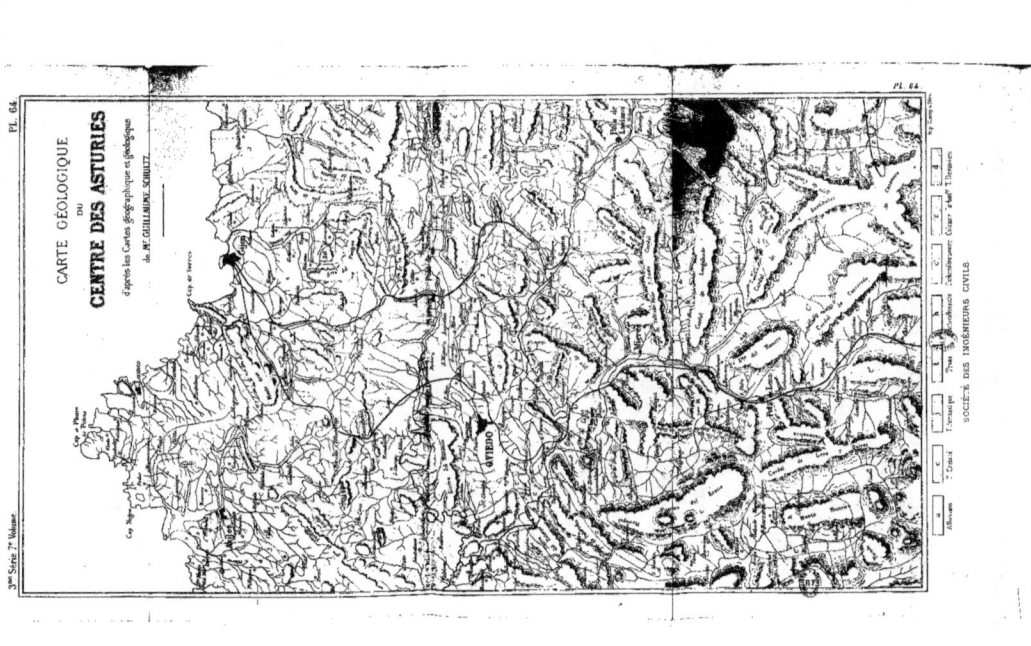

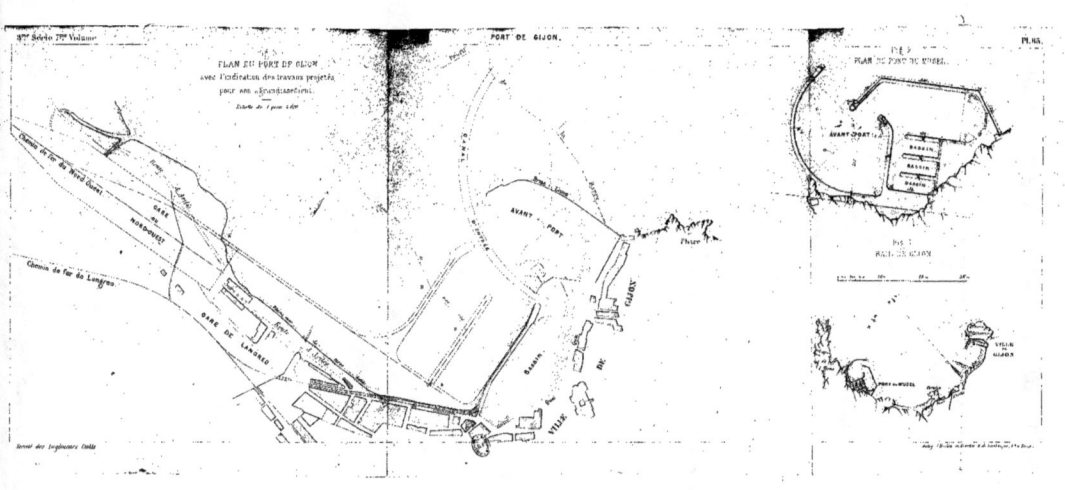

www.ingramcontent.com/pod-product-compliance
Lightning Source LLC
LaVergne TN
LVHW021720080426
835510LV00010B/1065